Andrea Geile
GEILEREISE

Heute war der schlimmste Tag von allen
Also versuche mich nicht davon zu überzeugen
In jedem Tag gibt es etwas Gutes
Denn, wenn Du genau hinschaust
Ein böser Ort ist die Welt
Selbst wenn
Gutes erscheint
Zufriedenheit und Glück sind begrenzt
Und es stimmt nicht
Es ist alles im Verstand und im Herzen
Denn
Wahres Glück kann erreicht werden
Nur, wenn die Umgebung stimmt
Es ist nicht wahr, dass das Gute existiert
Ich bin sicher, Du kannst zustimmen
Die Realität
gestaltet
Meine Einstellung
Es ist alles außerhalb meiner Kontrolle
Und Du wirst mich in einer Million Jahren nicht sagen hören
Heute war ein guter Tag!

Nun lies von unten nach oben!

Frei aus dem Englischen übersetzt, Original-Verfasser unbekannt, via Facebook im Juli 2015

Andrea Geile

GEILEREISE

Was ich erlebte und lernte, als ich mein Leben in den Rucksack packte und auf Weltreise ging

Bibliografische Information der Deutschen Nationalbibliothek:

Die Deutsche Nationalbibliothek verzeichnet diese Publikation in der Deutschen Nationalbibliografie; detaillierte bibliografische Daten sind im Internet über http://dnb.dnb.de abrufbar.

Fotos & Illustration: Andrea Geile

Landkarten: Google Maps

Herstellung und Verlag: BoD – Books on Demand, Norderstedt

ISBN: 978-3-7386-0367-5

Dieses Buch ist auch als Ebook erhältlich.

Vorweg

Neugierig auf die Welt, Kulturen und Landschaften war ich schon immer. Doch erst auf einem abgeernteten Tabakfeld im kubanischen Viñales-Tal habe ich mir ein Weltreise-Versprechen gegeben. Umsetzung irgendwann. In ferner Zukunft. Aber Erstens kommt es anders und Zweitens als man denkt. Und so habe ich die Chance zu einem Zeitpunkt ergriffen, an dem ich mein Leben in einen Rucksack stecken konnte, und ging für elf Monate auf Weltreise. Die Geschichten habe ich in meinem Internet-Blog www.geilereise.net kontinuierlich erzählt.

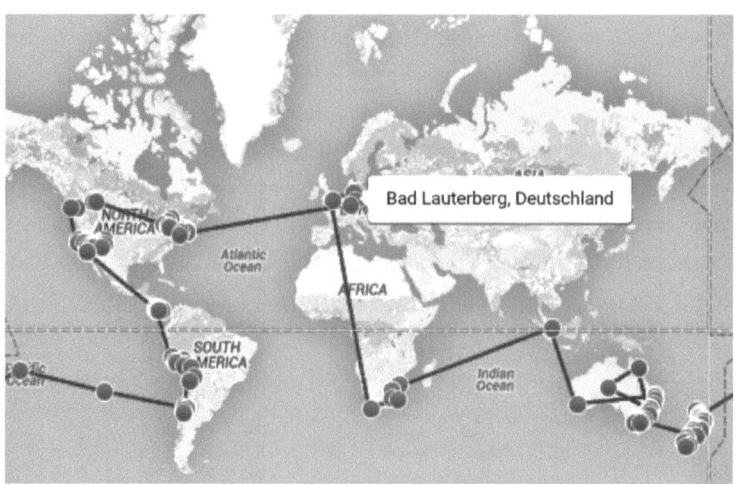

Der Titel GEILEREISE lag bei meinem Geburtsnamen schon für den Blog nahe, wer allerdings Sexgeschichten erwartet, wird enttäuscht. Wenn ich den Namen meines Blogs auf Englisch erklärte, habe ich mich auf die Übersetzungen „sweet" und „awesome" für „geil" bezogen, im Sinne von „toll" und „großartig". Genau so wie wir auf Deutsch „geil" als Adjektiv für Dinge verwenden.

Nun bin ich wieder in Deutschland und blicke zurück auf meine Reise einmal um den Globus. Viele Erkenntnisse hätte ich auch zu Hause haben können, in meinem Alltagsleben. Zumindest von nun an möchte ich sie nutzen und meine Augen offen halten. Immer wieder begegnen mir neue Denkanstöße wie der Perspektivwechsel im vorangestellten Gedicht zum schönsten Tag.

Meine große Chance verdanke ich meinen Eltern und meinen Großeltern, die mir die Kraft sowie emotionalen und finanziellen Rückhalt gegeben haben und meinem Bruder und bestem Freund Christian, der immer für mich da ist. Ich habe das große Glück, mit Carmen, Monika und Silke reisefreudige Freundinnen zu haben, die mich für eine Zeit besucht, begleitet und aufgebaut haben. Bärbel ist die beste Tante und Versicherungsbeauftragte. Roland danke ich für die technische Unterstützung bei meiner Webseite und all den Lesern meines Blogs für Eure Anteilnahme.

Ein riesengroßes Dankeschön gilt auch all den wunderbaren Menschen, die mir auf meiner Reise begegnet sind. Denjenigen, mit denen ich das verrückte Backpackerleben genießen durfte und denjenigen, die mich bei sich zu Hause aufgenommen haben und ihren Alltag mit mir geteilt haben. Ich danke Euch für Eure Zeit, unsere gemeinsamen Erlebnisse und Eure Geschichten. Ihr habt diese Reise zu der großartigsten Erfahrung meines Lebens werden lassen!

In diesem Buch berichte ich von meinen Erlebnissen, erzähle Anekdoten von Menschen und Orten und erinnere mich selbst daran, was ich wann lernen durfte. Die Themen veränderten sich mit meiner Entwicklung als Reisende. Um das zu erkennen brauchte ich Abstand und spreche mich deshalb im folgenden Text mit „Du" an.

Für Eure eigenen Geschichten gibt es Platz auf den leeren Seiten am Ende des Buchs. Bilder zum Fortträumen habe ich auf meiner Webseite zusammengestellt. Der QR-Code bzw. der Internetlink zu Beginn jedes Kapitels bringen Euch dorthin.

Willkommen bei unserer Reise!

Weg zum Delicate Arch im Arches Nationalpark, Utah/USA, 2014

Nordamerika – Alleinsein aushalten und genießen

Es sagt sich leicht: Ich mache das allein. Doch tut man sich damit auch leicht? Man muss alles selbst machen, Verantwortung für Entscheidungen übernehmen, sich selbst beschäftigen, es ist keiner da zum Reden, und wenn man mal nicht allein sein will, muss man neue Leute ansprechen.

Als Du beschlossen hast, auf Weltreise für ein Jahr zu gehen, hast Du nicht darüber nachgedacht, ob jemand mitkommen soll. Diese Entscheidung hast Du für Dich allein getroffen und Du warst Dir des Privilegs auch sehr bewusst, sich eine solche Auszeit privat, beruflich und finanziell leisten zu können.

Nordamerika war Deine erste Etappe und hier hast Du zwischen New York und Los Angeles besonders viel über das Alleinsein gelernt.

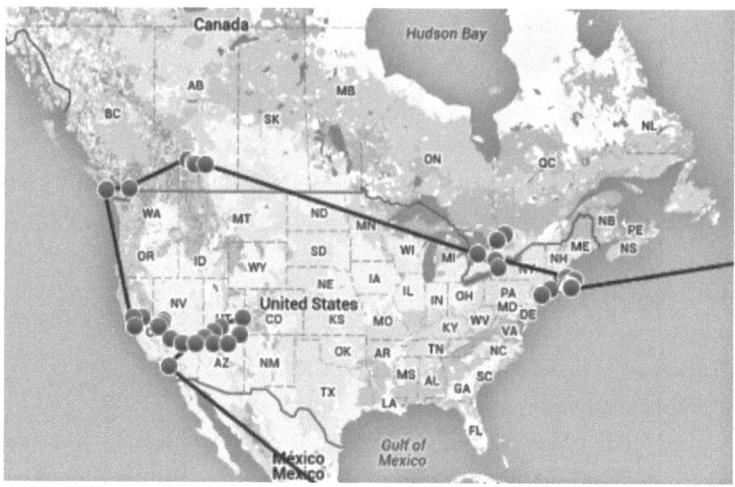

Wegbegleiter sind toll, wenn man sich gut tut und die gemeinsame Zeit genießt. Das hast Du mit Deinen Freundinnen getan, die Dich während Deiner Reise besucht haben. Mit jemandem zu reisen heißt, Eindrücke zu teilen. Jemanden zu haben, mit dem man gemeinsam in eine Richtung schauen kann und sich über das Gesehene austauschen kann. Man kann gemeinsam über die Route und Übernachtungsmöglichkeiten entscheiden und die Verantwortung und Kosten teilen. Vier Augen sehen mehr als zwei und sind auch unter Sicherheitsaspekten von Vorteil. Und ganz praktisch: Man muss sich nicht mit dem gesamten Gepäck in eine Flughafen-Klo-Kabine quetschen.

Als Team ist man sich aber oft auch selbst genug und ist für das Neue viel weniger aufgeschlossen. Man ist ja auch auf neue Kontakte nicht so sehr angewiesen. Du wolltest Menschen kennenlernen, lokale Kulturen verstehen, Dich spontan entscheiden und mitreißen lassen.

Du hast auch deshalb auf Deiner Reise unterschiedliche Arten der Unterkunft gewählt: Privatzimmer via airbnb, Couchsurfing und wohnen bei Einheimischen. Du hast in Hostels in Mehrbettzimmern gewohnt. In Neuseeland hast Du für Wochen in einem Auto gelebt, in Australien war ein kleines Zelt Dein Zuhause.

Bei airbnb bieten Privatleute ganze Apartments oder Zimmer mit mehr oder weniger Familienanschluss an. Die Vermittlung und Bezahlung erfolgt über das Internetportal. Besonders wichtig sind dabei die persönlichen Bewertungen und Referenzen. Couchsurfing bietet dasselbe, ist noch viel persönlicher, dafür ohne Bezahlung. In Hostels trifft sich die Gemeinschaft der Reisenden, man kann sich über das Reisen austauschen und (temporäre) Gemeinschaften gründen.

Mit der Wahl Deiner Unterkunft beeinflusst Du die verfügbaren Sozialkontakte auf Reisen. Du kennst aber auch zu Hause den Unterschied zwischen Dorfleben, städtischem Singleapartment und Wohngemeinschaft.

Du kannst also allein sein, musstest es aber nicht, denn physisch allein heißt noch lange nicht, dass Du wirklich allein bist. Du kannst die Technik nutzen, video- und normal telefonieren. Deinen Mitteilungsdrang kannst Du Dir von der Seele schreiben. Dann bist Du es los und vielleicht gibst Du es jemandem zu lesen.

Nur allein kannst Du Dich wirklich treiben lassen und spontan die Richtung wechseln. Du trägst nur Verantwortung für Dich selbst und Deine Entscheidungen. Du hast ständig die Möglichkeit, Dich mit Fremden zu unterhalten und ganz Neues, Spannendes, Verrücktes dazuzulernen. Outfit und Aussehen sind nebensächlich. Du trägst das, was Dir gefällt. Aber Du brauchst auch nur allein sein, wenn Du das möchtest. Dann genieße es, eins mit allem zu sein. Und wenn Du allein Essen gehst, bestell Dir was richtig Leckeres. Es ist alles Deins. Du musst auch nicht alles selbst wissen, denn wenn Du Dich traust und fragst, wird Dir garantiert geholfen.

Wenn Du lieber nicht allein sein möchtest, suche Dir wieder Gleichgesinnte. An organisierten Führungen konntest Du prima auch allein teilnehmen, denn die anderen wollen das auch erleben, im Schwimmbad triffst Du andere Schwimmer, im Kino wollen alle in denselben Film und im Sportverein mögen sie dieselbe Sportart.

Und wenn Du mit jemandem zusammen unterwegs bist, sei aufmerksam, offen und ehrlich, finde Kompromisse und definiere gemeinsame Regeln bevor es knallt.

Bilder aus Nordamerika? Hier:

http://geilereise.net/weltreise/das-buch/nordamerika/

Frischgebackene Weltreisende, erinnerst Du Dich an Dein Intensiv-Sightseeing in New York?

Deine Reise begann mit der Zugfahrt nach Frankfurt. Der Abschied tat echt weh. Der Wasserstand stieg auf dem Weg zum Göttinger Bahnhof kontinuierlich und der Taschentücher-Vorrat war bereits bis Kassel merklich geschrumpft. Die Reise hatte begonnen – mit Zwischenstopp in Mainz. Es war schön, die letzte Nacht vor Abflug nicht auf der Autobahn oder im Zug zu verbringen, sondern bei Deiner liebsten Freundin auf der Couch. Du fuhrst ja nicht weg sondern direkt in Dein Abenteuer hinein. Der erste Tag unterwegs begann um 2 Uhr morgens. Gut, dass Du nachmittags beim Deli um die Ecke ein paar Bananen gekauft hattest, denn Du bist wegen Hunger aufgewacht. Um 6 Uhr warst Du endgültig mit Schlafen fertig und bist mit Deinem Tablet-Computer auf Suche nach einem Café mit W-LAN losmarschiert. Das hat Deine Reise geprägt, nicht der Jetlag, aber die kontinuierliche Suche nach kabellosem Internet. So konntest Du via Skype Kontakt nach Hause halten und Dich in Deinem Blog mitteilen.

Der New Yorker Stadtteil Williamsburg, in dem Du Deine erste Unterkunft via airbnb gebucht hattest, liegt gegenüber von Manhattan auf der anderen Seite des East River. Hier gibt es eher gepflegte Stadthäuser und viele kleine Bars und Cafés. Der Fluss ist nur fünf Minuten zu Fuß entfernt und aus Deinem Nachmittags-Spaziergang am Ufer entlang wurde eine Bootsfahrt mit der East-River-Ferry von Pier 1/Brooklyn Park bis zum Pier 11/Wall Street. Und wo Du schon einmal da warst, bist Du ohne Stadtplan in der Tasche die Wall Street hinauf an Tiffany's vorbei bis zur Börse gelaufen. Du hast die Trinity Church besucht und bist den Broadway entlang zurück zum Wasser gegangen. Mit der Fähre ging es mit ordentlichem Fahrtwind zurück. Das war auch gut so, denn die Stadt war heiß und die Sonne schien unerbittlich. Du bist durch andere Straßenzüge zum „Ort wo Dein

Kopfkissen lag" gelaufen und hast dabei zufällig wunderbare Streetart entdeckt. Dir ging es gut und Du hast es genossen, Dich einfach so durch den Big Apple treiben zu lassen.

Am nächsten Tag bist Du auf einer Fähre nach Midtown gelandet – zufällig, denn eigentlich wolltest Du mit der kostenlosen Staten Island Ferry an der Freiheitsstatue vorbeifahren und zum Ground Zero gehen. New York-Kenner wissen, dass der Anleger auf Höhe der 34th Street ist. Von da aus ging es bis zur 50th Street/6th Ave, um auf das Rockefeller Center „Top of the Rocks" zu fahren. Nein, das war nicht gleich um die Ecke.

Bei der Ticketbestellung hast Du nicht genau hingehört und schwupps für $40 nicht nur die Aufzugfahrt in den 70. Stock gewonnen, sondern auch eine einstündige Tour in und um das Rockefeller Center und seine Geschichte und Kunst. Es war gut, dass niemand zum Meckern über den Fehlkauf dabei war – und es war spannend: Rockefeller Senior war und ist der reichste Amerikaner den es je gegeben hat. Und er war das Vorbild für Mr. Burns bei den Simpsons („ausgezeichnet"). Seine Nachfahren haben sich sehr in Kunst, Radio und Fernsehen engagiert und das macht die 17 Gebäude des Rockefeller Centers auch aus. Nicht alle Familienmitglieder waren von den ganzen Nackedeis der Kunstgeschichte in der Dekoration begeistert und haben daher nicht alle Gebäude betreten. Auch eine Methode, um jemanden vor der Tür zu halten.

Die Aussichtsplattformen machen ihrem Namen alle Ehre; bei der Krone im obersten Stockwerk gibt es sogar keine Glaswände mehr. Du hast die Auffahrt mit einem sehr netten Paar aus London verbracht, die auch bei der Tour dabei waren und Ihr habt Euch über das Reisen unterhalten: Island soll sich auch sehr lohnen, bei Barcelona und Kopenhagen als tolle Reiseziele wart Ihr Euch einig.

Die Mittagshitze war im Schatten des Central Parks besser zu ertragen. Das hieß, vorher einige Blocks weiter Richtung Norden laufen. Und dann hast Du Dich im Park verlaufen. Das war aber gar nicht schlimm, sonst wäre Dir der Bethesta Brunnen mit dem hopsenden Miniatur-Michael-Jackson-Double entgangen; und das gefühlt 200jährige asiatische Pärchen, dass Hand in Hand und mit Hut zeigte, dass alte Liebe nicht rostet.

Vom „ruhigen" Central Park ging es dann zum Times Square. Die 8th Ave entlang von der 72th bis zur 47th Street. Fünf Minuten Menschenmasse reichten völlig. Woran erkennt man den Touristen außer an wirrem (wahlweise starrem) Blick, krampfhaft festgehaltener Kamera, Rucksack und Bequemschuhen (alternativ Humpeln)? Er bleibt an roten Fußgängerampeln stehen. In New York kann man sich getrost dem Strom der Menschenmassen anschließen und unabhängig von der Ampelfarbe gehen. Mehr als Verlaufen kann ja nicht passieren.

Und selbst als das passierte, war es kein Problem. Denn wenn man verwirrt genug irgendwo rumsteht, hilft jemand und die Fahrradverleihstationen in Midtown haben jeweils eine Straßenkarte inklusive Standortmarkierung. So hast Du Dich dann zur Grand Central Station orientiert und gemütlich an andere Mitfahrende gekuschelt die Rush Hour zum Feierabend in der U-Bahn nach Brooklyn genommen. Hat alles geklappt. Und mit Karte wäre es auch nicht so schön spontan gewesen.

Was macht man, wenn es in New York regnet? Man geht ins Museum. Am Besten freiwillig und ins American Museum of Natural History. Es war mega-toll – und auch voll. Aber in dem Komplex gibt es genug Platz für alle. Es war wie im Film „Nachts im Museum"? Und noch besser. Du hast eine zuckersüße, ältere Dame – die „Fossilien-Expertin" – angesprochen und gefragt, ob sie Dir etwas zu den Exponaten erzählen mag. Sie hatte einen offiziellen 15 cm Button mit dieser Bezeichnung auf der Brust und meinte „I am myself a Fossil." Dabei war sie höchstens sechzig. Sie träumte von einer Reise nach Italien, ihr Mann war bettlägerig, ihre Wohnung könnte sie auch mal an Reisende vermieten – nach einer Renovierung.

Beim Subway-Fahren in NYC sollte man darauf achten, ob es sich um local (inkl. Kurzstrecken) oder express handelt. Das hast Du nicht gemacht, weil Du mal wieder nicht ordentlich im Reiseführer recherchiert hattest, und bist auf dem Weg zum Museum per express in Harlem gelandet. Zum Glück nicht allein, denn eine Münchner Familie hatte dasselbe Problem und Ihr seid gemeinsam local wieder zurück zur 81th Street gefahren.

Der Regen hatte aufgehört und Du bist am neuen One World Center und der Baustelle auf Ground Zero vorbei zur Staten Island Ferry gegangen. Für müde Füße zu weit, für eine unaufgeladene Metro-Card in Ordnung. Die Fähre fuhr an der Freiheitsstatue relativ nah vorbei, mit einem schicken Blick auf Manhattan, Brooklyn und New Jersey und kostete nichts. Gar nichts. Ok, Du hast auch nicht Ellis Island betreten oder warst in der Freiheitsstatue. Aber da warst Du eh schon einmal beim USA-Schulaustausch anno 1996. Wie groß waren die Fenster in der Krone? Menschenhoch wie bei den Ghost Busters? Nein. Sie waren ungefähr so hoch wie Flugzeugfenster. Mehr nicht. Damals und vermutlich heute auch nicht größer.

Auf dem Rückweg hast Du am Charging Bull noch doppeltes Glück abgeholt, indem Du nicht nur die Hörner der Bronzestatue gestreichelt hast sondern unter verschämter Beobachtung kichernder Japanerinnen auch ein paar sensiblere Teile.

Am dritten Abend hast Du Dich zum ersten Mal aufgerafft, abends allein Essen zu gehen. Zum Einen warst Du zuvor wegen des Jetlags gar nicht in der Lage, quasi einen Mitternachtssnack zu Dir zu nehmen. Zum Anderen kostete es Dich schon Überwindung, sich abends allein in ein Restaurant zu setzen. Da warst Du nun allein im „Wild" auf der B. Ave. Noch eine Frau belegte einen Solo-Tisch: Mit drei Büchern, Laptop und Handy. Du hast Dich lieber aufs Essen konzentriert: Salat mit Roter Beete, Ziegenkäse und ein Glas Chardonnay. Es war unglaublich lecker.

Überraschte, erinnerst Du Dich an Deine airbnb-Gastgeberin Jennifer in New Haven?

Mit der Metro bist Du von der Grand Central Station NYC nach New Haven, Connecticut, gefahren. Es waren circa zwei Stunden im klimatisierten Waggon. Der Cupcake von Magnolia als Wegzehrung war wahnsinnig süß.

In New Haven hast Du den beeindruckenden Campus der Yale Universität besucht und wurdest fast von einer heran sausenden Frisbee getroffen. Kein Wunder, denn hier wurde das Wurfspiel von den Pizza-Bäckern erfunden: Die fliegenden Teigformen wurden mit dem Ausruf „Frisbee" angekündigt. Beides war immer noch sehr beliebt auf dem Campus.

Nachdem Du bei Ken in New York ein wunderschönes Zimmer per airbnb gemietet hattest, aber außer der Schlüsselübergabe auf Dich allein gestellt warst, hast Du Jennifer in New Haven kennengelernt. Sie hatte eine wunderschöne Wohnung und vermietete ebenfalls ein Zimmer und Bad.

Die Wohnung war in einer alten Fabrik mit roten Backsteinwänden auch in den Räumen. Der Boden bestand aus geätztem Beton. Das sah aus wie eine Mischung aus Rost und oxidiertem Kupfer in einem Farbspiel von gedecktem Rot über Grün bis Hellgelb.

Jennifer war extrem hilfsbereit, hatte vorab schon einige Infos zugeschickt und abends seid Ihr gemeinsam mit ihrem Freund Joe in New Havens Little Italy essen gegangen. Bei leckerem Caprese und würzigem Focaccia, gefüllten Herzmuscheln und gebackener Aubergine habt Ihr über das Reisen, Kulturen und das Leben philosophiert. Jennifer wollte schon als Kind lieber alt und weise sein und sie hatte einen Kater namens Howart. Er war schwarz, plüschig und er ging aufs Klo. Nicht das Katzenklo.

Geschichtsinteressierte, erinnerst Du Dich an Dein erstes Hostel und die Boston Teaparty?

„Thank you for choosing Boston as a destination in your trip." Was solltest Du dem freundlichen Menschen in der Subway darauf antworten? Gerne doch! Die Subway in Boston war nicht so voll wie die Metro in New York. Die Wege waren kurz, die Leute sehr offen und nett. Selbst beim Pommes-Mittagessen in einem Imbisslokal gab es ein interessantes Gespräch mit einer Familie am Nebentisch.

Sie stammten ganz ursprünglich aus der Türkei und haben sich in den USA kennen und lieben gelernt. Sie sind viel gereist und ihre große Tochter möchte nach dem College in Europa backpacken. Du hast Berlin, das Ruhrgebiet und den Harz empfohlen.

Zum ersten Mal hast Du in einem Hostel in einem Mehrbettzimmer geschlafen. Das hat erstaunlich gut geklappt mit neun anderen Mädels im Zimmer und im Hochbett. Trotz der vielen Mitbewohner warst Du am ersten Abend allein unterwegs und bist in einer sehr coolen Bar mit Livemusik gelandet. Zuvor hatte Milou aus den Niederlanden, Deine Bettnachbarin im Hostel, Dich gewarnt, dass es für Bier eine Ausweiskontrolle gibt. Sie war 20 – nach Deiner ID hat keiner gefragt. Am folgenden Abend wart Ihr zusammen unterwegs und habt tatsächlich beide etwas zu trinken bekommen. Das Alter färbt also ab.

Du hast während Deiner Reise viele Geschichten von Leuten erfahren, indem Du Deine teiltest. Milou hatte in Kanada studiert, war im Anschluss noch sieben Wochen durch die USA gereist und hat viele Stories und Tipps zu Unterkünften sowie Sehenswürdigkeiten. Sie hat Dich daran erinnert, Dir ein paar Stichworte extra pro Tag zu notieren, um das Besondere nicht zu vergessen.

Du hast Boston auch touristisch erkundet: Für den Freedom Trail zur Geschichte von Boston und Massachusetts und dem ständigen Kampf um die Unabhängigkeit vom Britischen Empire gab es eine (kostenlose) Tour der Park Ranger. Ranger Travis ist mit seinen 130 kg unerwartet leichtfüßig vorweg gegangen und hat das Wappen erklärt: Der Löwe steht für England. Das Einhorn für Schottland. Die haben da also nicht nur das Monster von Loch Ness, sondern können auch unbesiegbare Einhörner an die Kette legen.

Für das Ticket zur 2-Tages-HopOnHopOff City Tour gab es einen extra guten Deal, denn Hafenrundfahrt und Tea Party Ship Museum waren auch schon dabei.

„No Taxation without Representation" – Hazaaah-Rufe gellen durch die Straßen. Ein wütender Mob strömt vom Old South Meeting House zum Hafen. Sie sind schwarz gekleidet. Asche verwischt ihre Gesichtszüge. Federn der Mohawk-Indianer dienen als Erkennungszeichen. Inzwischen liegen drei Schiffe aus England mit Tee beladen im Hafen. Die Engländer wollen von den amerikanischen Siedlern Steuern haben, ihnen aber keine Stimme im Parlament geben. So weigern sich die Bostoner, die Schiffe zu entladen – ohne Löschung dürfen sie aber auch den Hafen nicht verlassen. Die Kolonisierung der Auswanderer in Massachusetts war für das britische Empire nicht besonders erfolgreich. In der Boston Teaparty gipfelte dann die Verweigerung der Bostoner: Sie warfen die Ladung der Schiffe in einer Nacht- und Nebelaktion über Bord.

Genau das hast Du mit Milou auch gemacht: Im Museum zur Boston Tea Party wurdet Ihr Teil des pöbelnden Mobs und habt Teepakete über die Reling der Beaver geschubst. Die Museumsführung war eine Art Mitmachtheater. Jeder bekam eine Rolle. Ein großer Spaß, nur das inbrünstige Mitsingen der Nationalhymne am Ende der Vorstellung durch andere Besucher war etwas irritierend.

Mittagessen gab es in China Town in einem original chinesischen, eiskalten Speisesaal, der mit Lampions dekoriert aber ohne Tageslicht war. Abends habt Ihr einen unfreiwillig langen Spaziergang gemacht – ohne Stadtplan aber mit offenen Augen. Und das Alter färbte auch in die Gegenrichtung ab: diesmal hast Du ohne ID kein Bier bekommen.

Und es gab noch mehr über Boston zu erfahren: Die Eichhörnchen im Boston Common (Park) sind handzahm, die Schwanenboote riesige Tretboote und in Beacon Hill sind die Ladenschilder ganz besonders geschnitzt. Was bei der Metro in NYC Uptown und Downtown heißt, wird bei der Subway in Boston Inbound und Outbound genannt. Dabei gilt immer die Richtung zum Zentrum als Inbound, von da aus wird derselbe Zug Outbound.

Strampelnde, erinnerst Du Dich an Deine Ausflüge auf Cape Cod und Dein Bedürfnis nach Unabhängigkeit?

Nach den hektischen Großstädten warst Du in Falmouth auf Cape Cod an einem weitaus entspannteren Ort gelandet. Die Halbinsel vor Boston und Plymouth hat unendlich lange Strände und eine tolle Landschaft. Die Holzhäuser sind freistehend und haben eine Veranda. Insgesamt gibt es hier ziemlich viel Platz und Strecken zwischen Orten, die es zu überwinden gilt.

Als die Sonne schien, hast Du Dir ein Fahrrad geliehen und bist den Shining Sea Bikeway geradelt. Der Weg führte durch grüne Cranberry-Wälder und am Strand entlang, passierte einen alten Gletscher und üppiges Marschland bis er schließlich in dem kleinen, alten Fischerort Woods Hole endete. Du hast die Ruhe, die Bewegung und die Sonne genossen, am Strand ein Nickerchen gemacht und in einer coolen Bar einen Chai Latte getrunken. Dein treuer Begleiter war ein Fahrrad mit sportlichen 8 Gängen, einem praktischen Lenkerkorb und prima Rückenschonung durch viel zu weiche Reifen. Als nach knapp 40 km ein „mind your left" von einer Skaterin erschallte, war Dein sportlicher Ehrgeiz endgültig dahin. Egal, denn Du konntest in Deinem eigenen Tempo gemütlich zu Verleihstation zurück

13

radeln und hast auch nur den Halbtagestarif bezahlt.

Einen Halbtagestarif konnte man auch im Walfangmuseum in New Bedford (auf dem Festland) bekommen, wenn man wie Dein Gastgeber einen Mitgliedsausweis der Bücherei in Falmouth hatte. So habt Ihr einen Tagesausflug dorthin gemacht und einiges über Wale und Walfang gelernt. Zum Beispiel, dass Wale Fett in den Knochen einlagern. Das können sie in mageren Zeiten aufzehren. Da bekommt der Ausdruck „Ich habe schwere Knochen" doch eine ganz andere Bedeutung. Das Walskelett „Kobo" in New Bedford tropfte jedenfalls schon seit 14 Jahren und wird das voraussichtlich auch noch bis 2060 tun. Warum sich Menschen im Walmuseum unter Skeletten trauen lassen, war nicht gleich zu verstehen, aber jede Braut wird gewarnt, sich nicht unter Kobo zu stellen, denn Walfett geht ganz schlecht wieder raus.

Du hattest wieder eine Privatunterkunft über airbnb gebucht, diesmal bei Stephen, seiner Frau Helen (die allerdings gerade in Budapest war) und den beiden ziemlich adipösen Katern Ozzi und Newton. Stephen hat Dich vom Busbahnhof abgeholt, hatte bereits ein „Stollen Loaf" gebacken und war auch sonst ein sehr, sehr fürsorglicher Gastgeber. Da der Ort nicht fußläufig vom Haus erreichbar war – man genau genommen sogar einen Highway überqueren musste – hat er Dich in den folgenden Tagen herumkutschiert.

Der Umstand, „janz weit draußen" zu wohnen schränkte nicht nur Deine Flexibilität ein, sondern es fühlte sich sehr unangenehm an, von einem Fremden abhängig zu sein. Für einen airbnb-Gastgeber ist es nicht verpflichtend, seine Gäste auch zu transportieren. Helen und Stephen lebten lange in China und kannten die Situation sehr genau, wenn man fremd ist und Hilfe brauchen kann. Für zukünftige Schlafgelegenheiten hast Du viel mehr darauf geachtet, welche öffentlichen Verkehrsmittel es gibt und wie Du selbständig wieder weg kommst. Das hast Du auf jeden Fall besser schon so früh gelernt.

Hete, erinnerst Du Dich an Provincetown?

Zwei Stunden im Bus über den Highway Richtung Norden haben Dich schließlich nach Provincetown gebracht. Am äußersten Ende (Outermost) der Halbinsel liegt diese Stadt, die als Mekka der Schwulen und Lesben gilt und bunt wie ein Regenboden ist. Die Häuser sind dagegen meist weiß oder hellgrau gestrichen. Die erste Frage an Dich war „Where are you from?" Die zweite „Are you straight (= Bist Du hetero)?" Es gibt viele Künstler und Galerien, da das Abendlicht perfekt für Maler ist. Von hier starten die Whalewatching-Touren zur Krillfutterstelle Stellwagenbank. Und es gibt Strand. Rundherum.

Nachdem Du Dich in Deinem wunderschönen Zimmer mit gestreiften Tapeten in Hellblau und Creme in einem Inn im Zentrum installiert hattest, ging es mit dem Shuttlebus zum Herring Cove Beach. Den Strand hattest Du für Dich allein. Nur fast: Hier am Strand hast Du Mary getroffen. Sie war Kanadierin, ihr Mann stammte aus Deutschland und gemeinsam hatten sie eine Pension in Provincetown aufgebaut. Diese führte sie nach seinem Tod allein weiter. Mary war Musikerin, spielte und unterrichtete Ukulele. Sie hatte eine Radioshow bei WOMR.org, immer mittwochs 8-9Uhr (EST).

Du bist mit dem Bus vom Strand zurück in die Stadt gefahren, sie mit dem Fahrrad. Nachdem sie schon eigentlich an einem anderen Strand war und nur mal so zum Feierabend am Herring Cove vorbei geradelt ist und Ihr Euch dann ein zweites Mal zufällig über den Weg gelaufen seid, habt Ihr beschlossen mehr zu quatschen. Mit Strandoutfit und -tasche seid Ihr an die Bar des „MEWS" gegangen – und erst sehr viel später wieder raus. Cape Cod Red Beer schmeckte ausgezeichnet. Es war sehr spannend, Marys Geschichten zu hören. Einmal hatte sie Yoko Ono interview und war von der Existenz tiefer Liebe überzeugt: „Pure love is real and you may feel it not only once in your life."

Die Richtung, in der Wale vom Schiff aus gesichtet werden

können, wird mit Uhrzeiten angesagt: 12 Uhr ist der Bug, 6 das Heck, 3 ist Steuerbord (rechts), 9 ist Backbord (links, wo das Herz backt). Irgendwann war diese Ansage egal, denn die Finnwale sind einfach mal unter dem Schiff durchgetaucht. Fast hättest Du sie anfassen können, so nah kamen sie. Sie nutzen das Schiff bei der Jagd als Barriere für ihr Futter. Es gab Mütter mit ihren Kälbern zu sehen. Die lernten gerade erst, ihre Fluke einzusetzen. Ganze Walschulen waren unterwegs. Auch Buckelwale waren dort. Das war Gänsehaut pur! Ein paar Tage zuvor hattest Du angefangen, Moby Dick zu lesen und warst gerade an dem Punkt, wo die ersten Wale gejagt, getötet und zerlegt werden. Zusammen mit dem Erlebnis mit echten Walen waren die Bilder, die beim Lesen entstanden, sehr real. Fast zu real, um sie auszuhalten.

Allein abends Essen gehen? Daran hattest Du Dich gewöhnt. Aber allein zum Tanzen in die angesagten Schwulen- und Lesbenclubs von Provincetown gehen? Eigentlich kein Problem, aber dann doch auch langweilig, so unter der Woche in der Nebensaison und als Hetero-Single.

Beeindruckte, erinnerst Du Dich an Deine Nacht an den Niagarafällen?

Der Wanderguide im Regenwald auf Kuba hat Euch in drei Tagen zu sieben Wasserfällen gebracht. Er, Rambo, ca. 1,65 m groß, erzählte dabei von den Ausdrücken der Begeisterung unterschiedlicher Nationalitäten: Anglophone Menschen aus Großbritannien, den USA oder Kanada rufen beim Anblick eines Wasserfalls ab 3 Meter Höhe: „Amazing! Stunning! So lovely! Beautiful! Wonderful! Really impressive!" Die Deutschen sagen: „Hm, Wasserfall."

Die Niagarafälle sind beeindruckend, wundervoll, superschön und wirklich kraftvoll. Du bist mit der kanadischen Bootsgesellschaft „Hornblower" bis an die Fälle herangefahren.

Der Sprühnebel fühlte sich wie eine sehr effektive Dusche an. Alle bekommen vor der Fahrt rote Plastik-Ponchos und bilden dann eine Armee mit roten Zipfelmützen: „Hei ho, hei ho, wir sind vergnügt und froh" – und trocken.

Niagara Falls liegt nicht nur auf kanadischer Seite an den Fällen, es beherbergt auch ein Mini Las Vegas in der Straße Clifton Hill. Lauter und bunter als jedes Schützenfest; Musikwechsel und Geruchswechsel innerhalb von vier Metern. Dein Bruder hatte als Kind eine Burg von den Masters of the Universe. Die Unterkunft für Heman („Bei der Macht von Gracecall!") war aus demselben Hartplastik wie die Gebäude an dieser Straße.

Der Flug von Boston über Washington nach Toronto (ja, das war geografischer Unsinn) war pünktlich, das Zimmer im Airporthotel hätte für eine Großfamilie gereicht. Der Busfahrer des Shuttles nach Niagara Falls hat Dich sogar vor der Haustür des einzigen Hostels abgesetzt. Trotzdem war der Transfertag sehr anstrengend. Dazu kam, dass die Luft in Niagara Falls wegen der Fälle recht schwül war. Erst ein Steak im Hard Rock Café bei lauter Live Musik hat Dich wieder nach vorne gebracht und in Touri-Stimmung versetzt. Den restlichen Kreislaufschub gab es dann durch eine eiskalte Cola und einen Kaffee bei Starbucks. Das Logo stellt eine Meerjungfrau dar, denn Starbuck war der erste Steuermann bei Moby Dick's Captain Ahab.

In dem urigen Hostel wohnten wieder sehr interessante Leute: Mary-Beth und Robert waren Kanadier, die eine 200 km Fahrradtour machten. Er hat hier seinen 60sten Geburtstag gefeiert und bekam einen veganen Bananen-Nuss-Kuchen. Von ihnen hast Du tolle Tipps für die Nationalparks im kanadischen Osten bekommen. Und die Geschichte von Anne aus Dresden war fast unglaublich abenteuerlich: Sie hatte auf einer Farm angeheuert. Die Zusammenarbeit hat aber nicht wirklich gut geklappt und sie hat sich nach einer kleinen Odyssee per Anhalter nach Toronto dort ein Fahrrad gekauft. Mit dem ist sie morgens um 8 Uhr gestartet und hat mitsamt ihrem Gepäck in einer gefühlten Geschwindigkeit von zehn Stundenkilometern die 120 km bis Niagara Falls überwunden. Als sie hier am Hostel um zwei Uhr Nachts ankam, wollte sie niemanden wecken und hat auf dem Rasen im Garten geschlafen. Der Rezeptionist war fast zu Tode erschrocken, als er sie morgens vor der Tür sitzen sah.

Müde, erinnerst Du Dich an Deine Gastgeber in Kincardine am Lake Huron?

Den längsten Tag des Jahres hast Du in Kincardine am Lake Huron erlebt. Lake Huron gehört zu den großen Seen Nordamerikas, dem größten Süßwasserreservoir der Welt. An dessen Ufern sitzt man wie am Meer. Nur ohne Salzgeruch in der Luft. Anne und Philipp, Freunde einer Studienfreundin von Dir, hatten Dich bei sich aufgenommen. Einfach so, nach einer E-Mail. Philipp fuhr bis nach Toronto um Dich abzuholen und Du durftest drei Tage auf ihrer Hobbyfarm verbringen. Philipp ist Schweizer, seine Frau Anne Schwedin. Ihre inzwischen erwachsenen Kinder wurden in Kanada geboren.

Zur Feier des längsten Tages gab es eine Dudelsackparade in Kincardine. Der Ort wurde von Schotten gegründet. Diese Schotten tragen etwas unter ihren Röcken. Das wurde erzählt, Du hast es nicht verifiziert. Im Gegensatz dazu wurden beim Karneval in Köln Schotten ohne Unterkleid gesichtet. Unfreiwillig verifiziert.

Philipp brachte Dich morgens um halb sechs zum bestmöglichen Greyhound Bus Stop nach Owen Sound (schlanke 100 km!). Von dort ging es erst nach Barrie und dann mit dem nächsten Bus nach Huntsville.

Wenigstens musstest Du nur Dich und Dein Gepäck transportieren. Andere transportieren ihr ganzes Haus, wenn sie umziehen. Offenbar kann man die kanadischen Holzhäuser komplett auf einen Truck laden und ein paar Kilometer weiterziehen, man muss noch nicht mal die Küchenschränke ausräumen, nur ein neues Fundament schaffen. So haben das Philipp und Anne vor ein paar Jahren auch gemacht. Relocation leicht gemacht.

Naturfreundin, erinnerst Du Dich an die moskitoreiche Kanutour im Algonquin Park?

Du hast eine viertägige geführte Tour im Algonquin Nationalpark gebucht. Ein paar Tage zuvor wusstest Du noch nicht, dass Du diese Tour machen würdest. Du bist immer Tipps von Menschen gefolgt, die Dir begegneten, und hast über das Internet gebucht. Oh wie schön war das überall verfügbare W-LAN.

Die Packliste forderte Dinge, die bis dato noch nicht im Rucksack geschleppt wurden (z.B. einen Regenanzug und Schwimmschuhe sowie einen Hut), dafür blieben sämtliche Inhalte des Kulturbeutels bis auf Zahnbürste und -pasta sowie Sonnencreme außerhalb des Kanus. Zum einen war das alles unnötiges Gepäck, zum anderen finden Bären Parfum auch ganz lecker. Eine naturgewässerverträgliche Seife bekamt Ihr gestellt und so haben alle wenigstens gleich natürlich geduftet.

Es hatten sich weitere Touristen aus Deutschland angemeldet. Ein junges Pärchen aus München und Elke aus Nürnberg (aber ursprünglich aus Berlin). Alle drei hatten nur zwei Nächte im Park gebucht. Mit Elke hast Du das Zelt geteilt. Für Euch war klar, dass Ihr nicht allein pennen wollt und somit auch keine extra Umstände nötig waren. Das Zelt war quasi eine Kathedrale. Ihr konntet aufrecht stehen und hättet locker noch einige Menschen (oder Elchbabies) unterbringen können.

Sie hatte zwei Töchter; eine besuchte die Highschool in Kanada. Elke hatte nicht nur ihre Tochter besucht, sondern war die letzten 4 Wochen per „Woofing" durch das Land gereist. Beim Woofing (working on organic farms) arbeitet die/der Reisende für mindestens eine Woche auf einer Farm und bekommt dafür freie Unterkunft und Essen. Die Arbeitszeit und Aufgaben richten sich nach der Farm. Du hast später in Australien über die Organisation HelpX bei einer Familie geholfen.

Der Kanadier Sebastian war 23, ehemaliger Tellerwäscher, noch nicht Millionär und hatte die coolste Lache, die Dir bisher begegnet war. Zudem kommentierte er dreiviertel der Dinge, die er sah oder hörte mit „Awesome" (großartig) – auch Spinnen in seinem Zelt. Er war durch einen Witz zu dem Trip gekommen: Seine Tante hatte ihn gefragt, was er mal werden möchte und er hatte geantwortet: „Ich gehe in den Busch." Sie hat den Trip bezahlt.

Da Eure Gruppe eigentlich aus zwei Reisegruppen mit unterschiedlicher Aufenthaltslänge zusammengesetzt war, hattet Ihr den Luxus von zwei Guides: Jordan und Evan. Letzterer hat studiert und war Environmental Consultant (Umweltberater) bevor er beschlossen hat, zu machen, was ihm wirklich gefällt. Jordan war Bäcker und hatte eine Guiding School besucht. Zwei Monate lebte er zusammen mit seiner Freundin im Wald. Er kannte unglaublich viele Pflanzen und deren Wirkung als Tee oder Umschlag. Leider sind Jobs, in denen man tut, was man liebt, oft nicht gut bezahlt.

Abends gab es geröstete Marshmallows mit Keks und Schokolade („Smores") am Lagerfeuer. Jordan hatte eine Gitarre dabei. Wirklich tolle Lagerfeuerstimmung! Damit die Bären nicht Euer Essen klauten, wurde alles in einer Tonne an einen Baum gehängt.

Moskitos waren wirklich allgegenwärtig – außer auf offenem See. Wenn man in der Stechmücken-Saison in ein Wassergebiet fährt, muss man damit rechnen. Später im Jahr gibt es weniger Moskitos, dafür ist der Wald voller Menschen. Es ist wie bei allem eine Frage der Einstellung. Irgendwann hast Du die Viecher einfach ignoriert und Dich auf Schmetterlinge, Libellen und Eichhörnchen konzentriert. Leider hast Du trotzdem allergisch auf die Moskito-Stiche reagiert und zwei haben Dich direkt unter dem rechten Auge erwischt – neben den weiteren 24 auf der Stirn. Somit bist Du ziemlich im Gesicht angeschwollen, aber hattest wenigstens keine Falten mehr. Eine Kombination aus Anti-Histaminika, Cortisonsalbe und Schwarztee-Umschlägen wirkt oft Wunder. Erst bei Ende des Trips warst Du wieder einigermaßen vorzeigbar. Der Wald ist kein Laufsteg.

Es gab weit mehr Tierarten zu sehen als Moskitos. Gleich am ersten Tag weidete eine Elchkuh mit ihrem Baby am Ufer. Elche fressen Wasserpflanzen und kommen bei bedecktem Himmel oder leichtem Regen ans Ufer. Das Kalb sah flauschig aus und guckte neugierig hinter seiner Mutter hervor. Der kanadische Nationalvogel Loon ist schwarz-weiß und etwas größer als eine Ente. Gerade abends ruft er besonders schön. Und die Kanadier bezahlen mit Loons: Ein Kanadischer Dollar ist ein Loonie, zwei sind ein Toonie.

Die keckernden Rufe der Eichhörnchen konnte man auch hören, wenn man im Wald auf dem Thron gesessen hat. Das war eine Holzkiste mit Deckel, Brillen-Ausschnitt und freier Sicht in den Wald. Ein richtig idyllisches Örtchen. Es gab Papier und Desinfektionsmittel für die Hände in einem wasserdichten Beutel. Lag dieser nicht am verabredeten Baumstamm, war der Topf besetzt.

Ihr seid am Montag vom Canoe Lake 15 km mit einer Portage bis zu Eurem Zeltplatz gepaddelt und dasselbe am Donnerstag retour. Die Wanderung am Mittwoch war eine Tour durch das „Königreich der Moskitos", aber an die hattet Ihr Euch ja schon gewöhnt. Ihr seid einen abwechslungsreichen Weg durch den Wald gewandert und Jordan hat Euch viel über die vorhandenen Pflanzen erklärt. Zum Beispiel gibt es eine Beere, die auch die Elche kauen und die nach Kaugummi schmeckt – selbst getestet. Auch Elche achten auf frischen Atem.

Auf dem Rückweg am Donnerstag habt Ihr einen Wanderstop eingelegt und seid zu einem Aussichtspunkt gewandert.

Erstaunlich, dass Du die Höhe der Berge drum herum vom Wasser aus gar nicht wahrgenommen hast und von einer fünf Meter hohen Klippe ins Wasser gesprungen bist. Die Überwindung war ganz schön groß. Aber danach warst Du glücklich und voller Adrenalin.

In Summe war es für Dich ein wunderschöner Ausflug. Du wurdest darin bestätigt, dass es für Dich nicht viel Luxus braucht, solange Du mit netten Leuten in der Natur sein kannst.

Zurück in der Zivilisation von Huntsville bist Du die halbe Stunde nach Downtown spaziert und hast im „Little Place at the Lights" original italienisch gespeist. Hausgemachte, pikante Linguine a la Poutanesca in Tomatensoße mit Oliven, einem Glas Rotwein und Schokoeis zum Nachtisch. Manchmal muss man es auch als Backpacker krachen lassen.

Feierwütige, erinnerst Du Dich an die internationale Party in Toronto und den Canada Day?

Die Regentropfen klatschten aufs Dach und ans Fenster. Donner grollte, Blitze zuckten über den Himmel. Das Gewitter hatte gerade angefangen. In der offenen Küche kraspelte Deine Hausmitbewohnerin Elisa. Es war wirklich gemütlich in dem Haus in Toronto im Stadtteil Upper Beaches in dem Du via airbnb ein Zimmerchen gebucht hattest. Viel Platz gab es um das Single-Bett nicht, aber wer braucht das schon.

Die Eigentümer des Hauses waren nicht da. Deshalb hat Dich Deine Mitbewohnerin Elisa ins Haus gelassen. Sie wohnte schon seit drei Wochen hier. Sie war im selben Alter, stammte aus Polen, hatte lange in Irland gelebt und schon im vorherigen Jahr bei einem Kunstfestival in Toronto gearbeitet. Nun hatte sie auch ein Arbeitsvisum erhalten und brauchte nur noch einen Job dazu.

Abends hat Sie Dich zur Party zum 30sten Geburtstag von Melody aus Montreal mitgenommen. Im Garten hinter dem Haus und dem Schuppen waren Menschen aus aller Herren Länder, die

Melody irgendwann auf Reisen oder in Toronto kennengelernt hat. Du warst bei weitem nicht die einzige Weltreisende dort.

Im Schuppen fand eine großartige Jam-Session statt. Du würdest so gern musikalisch sein und Gitarre spielen oder wenigstens schön singen können. Später gab es sogar Stand-up Comedy. Spontan, wie es sich eigentlich gehört. Ihr seid im Morgengrauen nach Hause gekommen. Die Vögel haben schon gezwitschert. Der Kater dazu war gerechtfertigt und hat sich wirklich gelohnt.

Zum Nationalfeiertag Canada Day bist Du wieder in ein Hostel gezogen und mit Deiner Hostelmitbewohnerin Lena aus Hamburg zum Veranstaltungsort an der Waterfront gegangen. Mit Ahornblatt tätowierte Kanadier gratulieren sich zu diesem Tag, liegen sich in den Armen und rufen „Happy Canada Day". Es wurden Tänze der „First Nation" (kanadische Ureinwohner) zu Trommeln im Kreis getanzt, Rockmusik live gespielt, getrunken und es gab ein umwerfendes Feuerwerk. Dieser Nationalstolz fühlte sich für Dich komisch an und die Fußballweltmeisterschaft war bereits in vollem Gange.

Howdy Cowgirl, erinnerst Du Dich an die Stampede in Calgary?

Von Toronto ging es per Flugzeug Richtung Westen, zwei weitere Stunden Zeitdifferenz kamen hinzu. Nach dem Flug und etwas umständlicher Anreise ins Hostel warst Du zu müde, um die Schönheit der Stadt entdecken zu können.

Wahrscheinlich ist außerhalb der aktuellen Stampede auch nicht wirklich viel Schönheit da – da waren sich zumindest der Lonely Planet und Deine Gesprächspartner einig. Calgary ist eine reiche Stadt, in der mit Ölgeschäften Geld gemacht wird. Sie ist schnell gewachsen, ohne größere Tradition – außer der Stampede. Und es fanden hier 1988 die olympischen Winterspiele statt. Die Sprungschanze auf der Eddy the Eagle seine Kunst zeigte ist zu besichtigen und der erste Jamaika Bob startete hier; die Vorlage für den Film „Cool Runnings".

Die Calgary Stampede ist eine jährlich stattfindende, zweiwöchige Agrarausstellung. Drumherum gibt es eine Parade, Rodeo, Fressbuden und Fahrgeschäfte, Diskozelt und vieles andere sehr bunte. Die Stampede Bands haben Dir besonders gefallen. Eigentlich sind sie so etwas wie die deutschen Spielmannszüge der Schützenvereine, aber sie treten mit Choreografie und viel mitreißendem Kawumm, Tanz und offensichtlichem Spaß auf. Beeindruckt hat Dich auch die Stuntshow mit Motorrädern, Quads und Schneemobil.

Beim Rodeo stellte sich Dir die Frage, ob das für die Tiere wirklich so spaßig ist. Pferde und Bullen werden durch Riemen um empfindliche Teile bockig gemacht, kleine Kälber in vollem Lauf mit dem Lasso gefällt und gefesselt. Die Regeln hat Dir Deine Sitznachbarin auf der Tribüne versucht zu erklären.

Anstatt noch im Partyzelt als einzige ungeschminkte Frau zu feiern, hast Du den Festplatz im Hellen verlassen. Die betrunkenen Cowboys überall machten keinen besonders vertrauenserweckenden Eindruck.

Hosteltalk-Satte, erinnerst Du Dich an Deine Reisepause in Banff?

Zunächst hast Du Dich in Deinem Hostelzimmer für die nächste Woche in Ruhe installiert, dann etwas zu Essen gekauft, gekocht und den letzten Tatort gestreamt. Du hattest kein Heimweh im eigentlichen Sinn. Dein Zuhause im Harz war in Deinem Herzen und Du hast auch nicht Dein eigenes Bett vermisst (das war sowieso auseinander gebaut im Möbellager in Mülheim). Zum ersten Mal galt die Buchung für gleich sechs Nächte im selben Hostel, weil Du Dir gewünscht hast, nicht mehr täglich dieselbe Geschichte erzählen zu müssen und eine neue mochtest Du Dir auch nicht ausdenken. Es mangelte nicht grundsätzlich an Sozialkontakten, aber Du hast Dir gewünscht, zumindest ein paar Tage mit denselben Menschen zu verbringen, sodass die Geschichten über „Wo kommst Du her, wo warst Du schon und wo fährst Du noch hin" hinaus gehen würden.

Deinem Mitteilungsdrang wurdest Du mit Deinem Blog gerecht. Du hast Dich gefreut, dass zu diesem Zeitpunkt über 650 Menschen auf der Webseite gewesen waren und dreiviertel von ihnen auch wieder kamen. Diese statistische Rückmeldung hat Dich weiter angespornt, denn es gab Menschen, die mit Dir reisten, wenn auch nur virtuell.

Eines Morgens bist Du mit dem Ziel aufgestanden, eine richtig fette White Water Rafting-Tour im Horse Shoe Canyon zu unternehmen. Es war stattdessen eine wirklich gemütliche Tour auf dem Kananaskis mit wenigen schnelleren Bereichen und großartiger Aussicht. Nur ganz nett aus sportlicher Sicht, aber sehr witzig im Großen und Ganzen. Da das obere Wasserreservoir zu voll war, wurde regelmäßig Wasser in den Horseshoe Canyon abgelassen. Die eigentliche Tour war mit Stromschnellen und Cliff Jump geplant. Mit dem Einlass stieg der Wasserstand jedoch unberechenbar für die Rafts und die Tour wurde sehr kurzfristig abgesagt. Schade, aber sicher. Bei der letzten Tour, die noch gemacht wurde, haben sich einige Rafts überschlagen und fast alle Teilnehmer sind irgendwie im Wasser gelandet. Und weil die eigentliche Buchung abgesagt wurde, bekamst Du die offiziellen Bilder für lau und im Hostel ab sofort freies Pancake-Frühstück. Hätte schlimmer sein können.

1882 wollten Ingenieure der Canadian Pacific Railway einen 275 m Tunnel durch den „Schlafenden Büffel" treiben. Lange Geschichte in kurz: Das Projekt wurde angefangen und aufgegeben, aber der Berg heißt bis heute „Tunnel Mountain". Vom Hostel aus war der Einstieg in den 4,3 km langen Wanderweg nicht weit. Dass der kleine Nachmittagsspaziergang 2 Stunden dauern und auf 1.692 m führen würde, war Dir zuvor nicht wirklich klar. Belohnt wurdest Du mit beeindruckender Aussicht auf das Bow River Valley und es war ein toller Ausflug. Und Du warst wieder nicht allein, sondern in sehr interessanter

Gesellschaft, denn Margret aus Australien verließ mit demselben Ziel gleichzeitig das Hostel. Sie hatte zwei erwachsene Söhne, war auch schon einmal für elf Monate um die Welt gereist und das sogar allein in Indien. Sie war davon überzeugt, dass alles aus einem Grund passiert. Du musst ihn nur finden.

Am nächsten Tag mit warst Du gemeinsam mit Deiner Zimmermitbewohnerin Dana, Kanadierin, in einer Kneipe in Downtown Banff, um beim Spiel der Deutschen Mannschaft bei der Fußballweltmeisterschaft um 14 Uhr Ortszeit die Daumen zu drücken. Du als Nicht-Fußballbegeisterte warst schwer beeindruckt vom Spielergebnis mit 7:1 gegen Brasilien und hast dann auch beim Frozen-Joghurt-Shop ein Deutschland-Eis mit Brombeeren, Erdbeeren und Mango Topping gebastelt. Und dann folgte die Wanderung auf den Mount Sulphur für 5,8 km Serpentinen in zwei Stunden und zusammen mit Philipp, Hostelkollege im Deutschlandtrikot und Abiturient aus München. Ihr habt die Aussicht genossen und die letzte kostenlose Gondel ins Tal um 21 Uhr genommen.

Bärenfutter, erinnerst Du Dich an Deine Mountainbike-Tour zum Johnston Canyon?

27 km hartes Treten mit einem quietschenden Mountainbike, Wasservorrat leer, brüllende Hitze, kaum Schatten, keine Ahnung wie weit es noch ist, und das allein mitten im Bärenrevier. Das war nicht besonders schlau. Aber so war Dein Nachmittag auf dem Weg zum Johnston Canyon und am Ende war alles gut:

Du bist losgeradelt mit Karte aber ohne GPS. Es war die richtige Straße, doch die letzte Entfernungsangabe stand auf einem Schild 17 km vor dem Ziel. Nicht zu wissen, wie weit es noch ist, macht die Selbstmotivation schwer: nur noch vier Kurven? Oder mehr? Für die Tour hast Du statt den geplanten eineinhalb, zweieinhalb Stunden gebraucht. Aber Du bist angekommen. Die neue Wasserblase für den Rucksack fasste zwei Liter. Eigentlich locker genug für 27 km in 1,5 Stunden. Aber irgendwann war sie leer.

Angekommen am Einstieg zum Wanderweg in den Canyon gab es ein Toilettenhaus. Aber das Wasser aus dem Hahn war kein Trinkwasser: „Nur abgekocht Trinken". Du fragtest eine junge Frau, ob es ein Restaurant gibt. Sie verneinte. Du sagtest, dass Du nichts mehr zu trinken hast. Sie ging zu ihrem Auto und füllt nicht nur Deine Trinkblase mit frischem Wasser, sondern schenkte Dir auch noch eine Flasche Gatorade. Kein Geld dafür gewünscht. Sie ging mit ihrem Freund Richtung Wanderweg. Du setztest Dich in den Schatten, um etwas auszuruhen und Dein Knäckebrot zu verputzen. Die junge Frau kam zurück aus dem Wald, um Bescheid zu sagen, dass es doch ein Restaurant gibt. Sie hatte es gerade erst entdeckt.

Nun warst Du mitten im Touristentrubel. Dem Kellner erzähltest Du, dass Du es mit dem quietschenden Bike nicht zurück schaffen wirst. Erst gab er Dir einen Espresso, dann Schokolade und ein Telefon. Nur den Hamburger musstest Du bezahlen. Ein Taxi nach Banff sollte 100 Dollar kosten. Erstmal wolltest Du essen und zu den Wasserfällen gehen und dann für den Rückweg sorgen. Es war keine Option mehr, mit dem Fahrrad zurückzufahren im Einbruch der Dunkelheit und durchs Bärenterritorium. Vor dem Restaurant hast Du ein Paar aus Phoenix, USA, wiedergetroffen, mit denen Du Dich zuvor auf dem Weg bei einer Pause an einem Aussichtspunkt unterhalten hattest. Du hast Ihnen von Deiner Situation erzählt und sie boten an, Dich auf dem Rückweg aus Lake Louise einzusammeln. Ihr habt Handy-Nummern ausgetauscht.

Dein Akku war fast leer. Der Kellner fand im Restaurant ein Ladegerät, Du hast das Handy zum Laden zurückgelassen und bist 4,5 Kilometer pro Richtung zu den Upper Falls gegangen. Dort hast Du einen weiteren Biker getroffen, der Dich am Helm als solche erkannte und der Dir Hilfe und ein Eis angeboten hat. Das Handy war bei Deiner Rückkehr einigermaßen voll. Du dachtest, dass das Bike nicht ganz in Ordnung sei und hast schließlich doch den Vermieter angerufen. Ohne viel Erklären und Aufhebens holte er Dich ab und Ihr habt Euch über das Reisen unterhalten. Er war aus Schottland und hoffte auf eine permanente Arbeitserlaubnis in Kanada. Geld wollte er nicht für die Rettungsaktion.

Hier hast Du gelernt, dass Du Fahrrad und Strecke aufeinander abstimmen solltest. Du sollst nicht allein auf unbekannten Strecken – insbesondere nicht durch Bärengebiete – fahren. Wenn Du fragst, bekommst Du oft mehr Hilfe als erwartet. Und manchmal musst Du Dir auch eingestehen, dass Dein Körper keine Maschine ist.

Fußballfan, erinnerst Du Dich an das Finale der WM 2014 in Vancouver?

„'54, '74, '90, Zwanzigvierzehn und wir stimmen alle ein, mit dem Herz in der Hand und der Leidenschaft im Bein, werden wir Weltmeister sein!" Du warst mit einigen Deutschen im Pub gegenüber vom Hostel verabredet und hast genau das gesungen. Zunächst waren Deine Bekannten vom Pub-Crawl in Vancouver noch nicht da. Da hast Du Dich nach weißen Trikots umgeschaut und auf Deutsch gefragt, ob Du Dich dazu setzen darfst. Die Gesichter schauten fragend, denn Deutsch sprach hier niemand. Aber die Zuneigung zur DFB-Elf war größer als zur Argentinischen Mannschaft und weiße Hemden gut vertreten.

Später kamen Lars und Martin aus Werningerode bzw. Braunschweig mit zwei weiteren Mädels hinzu, die sie beim Couchsurfen getroffen hatten und Ihr habt die gewonnene Weltmeisterschaft auch in Vancouver Downtown gefeiert. Mit einer spontanen Parade habt Ihr mit hundert Anderen die innerstädtischen Kreuzungen mit Hinsetzen und Humba-täterä-Gesängen lahmgelegt. Ein junger Mann in Lederhosen und mit Gamsbarthut trompete, ein zweiter in Deutschlandtrikot trommelte und dirigierte die Massen: „Gebt mir ein H. Gebt mir ein U...." Damit habt Ihr es sogar ins Fernsehen geschafft und Du hast Dein Fußballherz und ein ganz klein wenig Patriotismus entdeckt.

Am Tag danach hast Du mit Lars und Martin, den Grouse Mountain erklommen. Der Grind ist ein 2,9 km langer Pfad, der eine Höhendifferenz von 853 m in Stufen überwindet. Das war ein schickes Workout für anderthalb Stunden nach den ausufernden Feierlichkeiten des Vortages. Zum Glück muss man runter die Gondel nehmen.

Vancouver hast Du an einem heißen Sommerdienstag verlassen. Aus einem spontanen „lass uns noch ein Bier trinken gehen" am Montagabend mit Deiner neuen Zimmergenossin Isabell (ursprünglich aus Frankfurt, hatte 5 Jahre in Irland gelebt und war auf dem Weg zurück in ein Leben in Deutschland) und den Harzer Jungs wurde ein amtlicher Zug durch die Gemeinde. Live Musik gibt es auch unter der Woche in den Clubs von Vancouver, Deiner neuen Lieblingsstadt.

Kleinflugzeugpassagierin, erinnerst Du Dich an den Nebel in Tofino?

In Tofino wurde der Horrorschocker „The Fog" (Der Nebel) gedreht. Und Teile der Twilight -Saga. Das war für die Filmcrew gar nicht so einfach, denn natürlicher Nebel hört im Gegensatz zu Nebelmaschinen nicht auf den Regisseur. Ob das kleine Flugzeug mit dem Du am Dienstag von Vancouver nach Tofino geflogen bist, überhaupt landen konnte, war gar nicht klar. Die Pazifikküste ist oft von einem dichten Nebel eingehüllt. Inseln ragen aus den Schwaden. Manchmal bricht die Sonne durch.

Hier an der Küste ist es kalt. Strandwetter geht anders und Surfen hast Du auf Costa Rica verschoben. Dafür hast Du mit Deiner neuen Zimmernachbarin Kira (stammte aus Mainz und hatte das letzte Jahr in Austin/Texas studiert) einen großartigen Ausflug zu den Hot Springs gemacht.

Das Schnellboot brauchte 1,5 Stunden. Auf dem Weg habt Ihr einen Orca und einen Schwarzbären gesehen, auf der Rücktour begegneten Euch Seeotter und -adler. Der Wanderweg zu den Quellen führt 2 km über einen ausgebauten Holzpfad durch den Urwald. Das Wasser kommt mit 50 Grad Celsius aus dem Berg und läuft durch mehrere schmale, natürliche Pools. Das Meerwasser schwappt in Wellen hinein und macht die Temperatur halbwegs erträglich.

Während eines absoluten Stromausfalls in der Stadt habt Ihr Pasta auf dem Barbequegrill gekocht. Die einzige Bar in der Stadt bezog ihren Strom von einem Generator. Ebenso die Restaurants und das Hostel.

An den Stränden Tofinos wird gesurft, entspannt, geheiratet. In der Reihenfolge. Du hast Deine Füße dort zum ersten Mal in den Pazifik gehalten. Das Wasser war eiskalt. Fünf Wochen zuvor war es noch der Atlantik um Martha`s Vineyard. Genauso kalt.

Im Restaurant am Wasser gab es Live Musik. Du bist mit dem Reisenden Robert aus München zum Essen gegangen. Du hast ihn im Hostel getroffen, wo er seine Wäsche wusch, aber nicht dort wohnte. Er investierte sein begrenztes Budget lieber in gutes Essen als in Unterkunft oder Transport. So bewegte er sich grundsätzlich per Anhalter fort und schlief auf Sofas die er via Couchsurfing fand oder in Vans anderer Reisender.

Freundin, erinnerst Du Dich an Dein Wiedersehen mit Monika und das Treffen mit Ihrer Familie in San Francisco?

San Francisco Touristen-Tour: Check. Gleich zu Beginn habt Ihr Downtown San Francisco, den Coit Tower, die Golden Gate Bridge und den Hafenort Sausalito besucht. Am Alamo Square gab es tolle Architektur, die Lombard Street war sehr steil, am Fishermans Wharf lagen stinkende Seelöwen und die nächste Überfahrt nach Alcatraz war erst in vier Wochen verfügbar. Eigentlich machte Monika einen Familienbesuch und Du hast damit auch gleich Familienanschluss gebucht. Ihr Bruder Dominik, seine japanische Frau Maki und Baby Nina (seit Geburt gleichzeitig Japanerin, Schweizerin und US-Amerikanerin) wohnten in Berkeley. Ihr hattet eine airbnb-Unterkunft ganz in der Nähe ihrer Wohnung und habt viel Zeit zusammen verbracht.

Dominik forschte am Lawrence Berkeley Laboratory der University of California in Nanotechnologie. Wie können Mikroskope Oberflächen in Flüssigkeiten im Molekularbereich abbilden? Er wusste das und hat erklärt, wie so ein Mikroskop ganz grundsätzlich funktioniert. Du magst Technik und stellst trotzdem immer noch die nervige Frage, wofür man das jetzt genau brauchen kann und wie man damit Geld verdient. Bist halt ein BWLer.

„If you`re going to San Francisco, make sure you wear some flowers in your hair…" Oder zumindest kann man sich die im Botanischen Garten in Berkeley anschauen. Eine üppige Blumenpracht habt Ihr dort bewundert.

Und Ihr seid über einen Markt in Berkeley geschlendert. Es gab eine Menge Batikshirts und einen megacoolen Second Hand Klamotten Laden. Berkeley ist eine eher alternative Uni-Stadt. Es gibt keine Fast-Food-Ketten. Das haben die Hippy-Generationen hier durchgesetzt. Dadurch habt Ihr extrem lecker und international gespeist: Pekingente beim Chinesen, Papadums und Lamm Curry beim Pakistani und Raclette zu Hause bei den Schweizern. An einem Abend gab es hausgemachte, japanische Pfannkuchen Okonomiyaki (frei übersetzt: „alles was Dir beliebt gebraten"). Japanisches Essen ist nicht immer leicht und kalt wie Sushi. In den Pfannkuchenteig wurden Bällchen aus Reismehl und Meeresfrüchte eingebacken. Oben drauf kamen Algen, Mayonnaise, Gewürzketchup, gebratener Speck und final ein paar Fischflocken, die sich durch die aufsteigende Hitze bewegten.

Die Bay Area von San Francisco inklusive dem Silicon Valley hat ungefähr dieselbe Einwohnerzahl und dasselbe Bruttosozialprodukt wie die Schweiz. Und ist eine der reichsten

Regionen der USA. Beeindruckend für ein kleines Alpenland, oder? An einem Nachmittag habt Ihr einen Familienausflug zum Google-Standort Mountain View gemacht. Die „Real Mountain View" gibt es im Google Hauptquartier in Zürich. Das Gelände im Silicon Valley hat dafür 10.000 Einwohner, auch Mitarbeiter genannt. Monikas Cousin Markus arbeitet dort im Bereich Search und hat Euch herumgeführt. Bunte Fahrräder und ausgewogenes Essen werden gestellt. Es gibt tatsächlich Billardtische, Legowände, Volleyball- und Fußballfelder auf dem Campus. Selbst ein Bälleparadies habt Ihr gesehen: „Der kleine John möchte zum nächsten Meeting gerne aus dem Smalland abgeholt werden." Jede Version des Betriebssystems Android wurde nach einer Süßigkeit benannt. Die aktuelle hieß KitKat. Ihr fandet den Lebkuchenmann zum Anbeißen.

Autobewohnerin, erinnerst Du Dich an Deinen Trip mit Monika im Jucy durch Kalifornien, Nevada, Utah und Arizona?

Bald habt Ihr die Küste verlassen und Euer Zuhause für die folgenden drei Wochen abgeholt: Einen lila-grünen Jucy Campervan. Auf Eurer Route lagen die Regionen und Nationalparks im Wilden Westen mit ihren atemberaubenden Landschaften: Napa Valley, Yosemite, Mono Lake, Bodie, Death Valley, Zion, Bryce, Arches, Colorado River, Monument Valley, Dino Tracks bei Tuba City und der Grand Canyon. Das alles in drei Wochen zu schaffen und auch noch nach Las Vegas und Los Angeles zu fahren, hieß, sich von spontanen Touränderungen zu verabschieden und jeden Tag Kilometer zu machen. Wenn Du allein bist, kannst Du entscheiden, ein ursprünglich geplantes Ziel zu überspringen. Zu Zweit muss man sich einigen.

Neben den großen Wohnmobilen (in den USA sog. RV = Recreation Vehicle) nahm sich Euer Chrysler Van wie ein Roadster aus. In Fahrzeuge der Größe der Wohnmobile stecken wir in Niedersachsen 56 Schulkinder zum Ausflug in den

Heidepark. Leider habt Ihr auf manchen Campingplätzen auch den Preis eines Großen zahlen dürfen. Dabei habt Ihr nur die sanitären Anlagen genutzt. In Sachen Strom wart Ihr Selbstversorger und Ihr konntet nur 20 Liter Wasser auf einmal laden.

Normalerweise bist Du immer Schaltung gefahren. Für die Automatik des Jucy musste der linke Fuß mental am Boden festgeklebt werden. Ansonsten fühlte sich das Fahren an, wie ein Autoscooter beim Schützenfest. Durch das Abwechseln beim Fahren war viel Strecke möglich.

Ihr habt für drei Wochen zusammen im Wagen geschlafen. Rückbank und Kofferraum wurden zum Doppelbett. Die Küche nahm dabei 50cm des Kofferraums ein. Für Euch 1,70 m Frauen war das gar kein Problem, 2 Meter Männer hätten in Embryonalhaltung schlafen müssen. Es gab auch ein ausfahrbares Penthouse. Aber die schmale Stahlrohrleiter wollte keine von Euch nachts nutzen müssen.

So nah beieinander zu leben und zu schlafen war eine Herausforderung, der Ihr Euch gestellt habt und die Ihr ohne größere Probleme überwunden habt. Das ging deshalb so gut, weil Ihr Euch Freiräume durch Schweigen gegeben habt und gleich beim ersten Auftreten unterschiedlicher Meinungen Kompromisse und Regeln definiert sowie die nötigen Voraussetzungen zur Umsetzung geschaffen habt.

Zum Beispiel war es Euch unterschiedlich wichtig, früh zu wissen, wo Ihr nachts sicher Parken könnt. So habt Ihr gemeinsam folgende Regel beschlossen: Wir prüfen bis 15:30 Uhr in welchem Ort wir schlafen wollen. Schaffen wir es, bis 17:30 Uhr dorthin zu fahren, buchen wir nicht vorab. Sollte es später werden, reservieren wir telefonisch. Das klappte prima, denn Monika hatte eine US SIM-Karte für ihr Handy besorgt. Mit der Klärung der Rahmenbedingungen wart Ihr bereit für Euren Road Trip von 4.425 km.

Das Napa Valley bietet ein Weingut nach dem anderen.

Natürlich doof, wenn man fahren muss und eine 0,0 Promille-Grenze herrscht. So habt Ihr den sehr leckeren Wein bei der Tour im Keller bei Behringer zwar probiert, aber das Allermeiste in den Ausguss gekippt. Den roten Sekt gab es zum Aperitiv am Abend. Die Urväter von Behringer stammten übrigens aus Mainz.

Eher zufällig ist Euch ein Flyer für eine Tour in der Jelly Belly Fabrik in die Hände gefallen. So habt Ihr auf dem Weg von Calistoga nach Sacramento einen Abstecher nach Fairfield gemacht. Du wusstest gar nicht, dass die Jelly Beans so lecker sind. Und auch nicht, das Ronald Reagan keine Verhandlung begonnen hat, ohne vorher ein Glas mit Jelly Beans herumzureichen. Ja, das war der Ronald Reagan der gesagt hat „Tear down this wall". Und es gibt eine ganze Galerie mit Bildern, die wie Mosaike aus Jelly Beans nachgebildet sind.

Von Sacramento seid Ihr in Richtung Osten in den Yosemite Nationalpark gefahren. Beeindruckende Landschaft, sehr hohe Berge, viele Granitfelsen, großartiges Farbspiel. Selbst das Fahren auf den Passstraßen war ein Erlebnis für sich. Das Yosemite Valley hat die schönsten Aussichtspunkte. Diese habt Ihr Euch zunächst mit tausenden Touristen geteilt. Es war ein wenig wie Heidepark, nur ohne Fahrgeschäfte. Außerhalb des Valley ist der Yosemite nicht minder schön.

Ihr habt am Tamrack Creek auf einem Campingplatz mitten im Wald übernachtet. Bezahlt wurde ehrlich: Man füllt einen Zettel mit seinem Kennzeichen und dem Standplatz aus, dieselbe Information schreibt man auf einen Umschlag. Dort hinein kommt die Campinggebühr, der Umschlag in die Geldbox und der Platz ist Euer. Der Campingplatz füllte sich sehr schnell und ein spanisches Paar suchte ziemlich verzweifelt. Ihr habt sie als Zweitwagen bei Euch aufgenommen und die Gebühr geteilt. Kontakte zu anderen fanden manchmal statt, aber Ihr habt sie nicht aktiv gesucht.

Am nächsten Tag seid Ihr auf gut 3.000 Metern ü. N. N. über

den Tioga-Pass bis zum Mono Lake gefahren. Auf dem Weg habt Ihr einen Wander-Mittags-Stopp am Tenaya Lake gemacht. Dort kann man quasi über das Wasser gehen, da die Granitfelsen teilweise bis knapp unter die Wasseroberfläche reichen.

Während der Fahrt roch es auf einmal ungut nach verbranntem Plastik. Ihr habt an einem Aussichtspunkt angehalten. Das war gar nicht so einfach, da die Bremsen nicht mehr gut griffen, denn sie waren sehr heiß geworden. Ein weiterer Campervan hielt und der Fahrer klärte Euch auf, dass man auch bei einem Automatikwagen runterschalten und damit die Motorbremse nutzen kann. Da habt Ihr wieder was gelernt – von anderen.

In Kalifornien herrschte akute Dürre. Es war bei Strafe verboten, den Garten zu wässern. Auch der Mono Lake war ziemlich leer, wobei man dieses Wasser aufgrund des Salzgehalts eh nicht trinken kann. Es gibt keine Lebewesen außer Salzwasserkrebsen, dieselben wie die aus dem Yps-Heft.

Die letzte Dusche gab es für Euch am Donnerstagmorgen auf dem Campingplatz in Sacramento. Die folgenden Campingplätze waren sogenannte primitive Campgrounds. Man verlässt dafür die ausgetretenen Touristenpfade für einige Meilen. Es gibt Plumpsklos und bärensichere Boxen für Lebensmittel. Man hofft wie die Spanier bei Ankunft, dass noch ein Platz frei ist und bezahlt bar per Umschlageinwurf in den Briefkasten. Es gibt weder Strom oder W-LAN noch fließend Wasser, dafür ist man mitten in der Natur. An einem Nachmittag habt Ihr ein kurzes Bad in dem – zugegebenermaßen fies-kalten – Bergsee Lundi Lake genommen. Auch dafür muss man sich gut riechen können.

In Sacramento habt Ihr auch eine Ladung Wäsche gemacht. Beim Zusammenlegen hast Du Dich allein mit „Black Foot" – 130 kg, weißblonde Dreadlocks, Sonnenbrand, Tattoos überall – unterhalten: Er stammte aus New York und hatte die USA in Frachtzügen überquert. Nicht mit Ticket, sondern indem er sich in den Waggons versteckte oder aufsprang. Damit hatte er jetzt nach einer Gehirnoperation seiner Frau allerdings aufgehört. Als „pensionierter Hippie" kümmerte er sich um sie und kochte „Roman Noodles", eine Art Pasta in Hühnersuppe. Den Nudel-Quader wirft man in warmes Wasser und hat nach 3 Minuten so etwas wie eine Mahlzeit. „Ungefähr so gesund wie auf Züge aufzuspringen", sagtest Du. Da hat er gelacht.

Gruselig ist so eine Geisterstadt. Manche sagen auch, sie hätten Geister gesehen in Bodie. Die Stadt wurde im Goldrausch um 1860 gegründet. Namensgeber Bodie hat mit seinem Kompagnon im Herbst die erste Goldader gefunden und eine kleine Hütte aufgestellt. Als sie Proviant für den Winter besorgen wollten, sind sie in einen Schneesturm geraten und Mr. Bodie hat den Ausflug leider nicht überlebt. Die Stadt boomte im späten 19. Jahrhundert und zwischen 2.000 und 10.000 Menschen lebten dort. Ein großes Feuer und versiegende Goldvorräte führten dazu, dass die Stadt Mitte den 20. Jahrhunderts verlassen wurde. Heute leben nur 16 Park-Ranger in umgebauten Häusern. Andere Häuser sind geblieben wie sie waren und man kann hinein gehen oder man kann durch die Fenster spinzen. Der Ort lebt. Auf seine Art.

Ihr habt eine Führung in die Gold-Verarbeitungsanlagen gemacht. Also, viel mehr in die Anlagen in denen das Erz von Steinbrocken bis zu Gold-Silber-Barren gebrochen wurde. Ein wirklich harter Job. Von dem eingesetzten Quecksilber wurde nicht nur ein Arbeiter gaga.

Im Mono Lake bildet die besondere Zusammensetzung aus Salzen und Alkaloiden Tuff-Gestein. Die Säulen wachsen aus Kristallen langsam in die Höhe. Je nach Wasserstand kann man die Spitzen oder ganze Steingebilde sehen. Hübsch und beeindruckend zugleich. Die Nacht in der Nähe vom Mono Lake war kalt, die Umgebung noch relativ grün.

Das sollte sich nun auf Eurem Weg Richtung Death Valley ändern. Unendliche Weiten bei knapp 120 Grad Fahrenheit, das sind rund 48 Grad Celsius. Wenn der Wind weht, fühlt sich das an wie ein Sauna-Aufguss – nur ohne Tannennadelaroma und sehr trocken. Der kurze Weg vom Parkplatz zu den Aussichtspunkten ist wie ein Stepper in der Biosauna. Es ist einfach nur heiß im Death Valley im Juli. Wer hätte das gedacht.

Ihr wart auch in Badwater, dem tiefsten Punkt der USA mit 282 Fuß beziehungsweise 85,5 Meter unter dem Meeresspiegel. Es ist schon witzig, wenn man zu einem Schild, auf dem „Sea Level" steht, hinaufschauen muss. Außerdem gehören zu den Muss-man-gesehen-haben im Death Valley Nationalpark die Mesquite Dünen und der Artist Drive. Für letzteren haben Vulkanaktivitäten vor Jahrmillionen farbige Mineral- und Metallschichten an die Oberfläche gebracht.

Abfahrt war morgens um 8 Uhr in Lone Pine. Und damit wart Ihr eigentlich schon spät dran, denn im Sommer sollte man spätestens am frühen Nachmittag das Death Valley verlassen haben. 2014 waren dort bereits zwei Menschen den Hitzetod gestorben. Ihr habt den Trip mit viel Wasser, Mittagsäpfeln und vollem Tank überstanden – und seid gleich weiter gefahren: An Las Vegas vorbei bis Mesquite in Nevada. Von dort aus konntet Ihr am nächsten Tag früh in den Zion Nationalpark starten.

In Nevada hatte es geregnet. In Utah auch. Der Zion Nationalpark liegt hier nördlich vom Death Valley. Der Regen hatte den Virgin River im Zion Canyon anschwellen lassen. Er sorgte in kurzen Schauern aber auch für angenehme Abkühlung, so dass Ihr auf dem nächsten Campingplatz ohne Strom und Dusche nicht völlig dahingeschmolzen seid. Ihr wart so mitten in der Natur, dass die Rehe fast mit am Tisch saßen.

Ihr seid zu den Emerald Pools gewandert. Endlich habt Ihr Euch die Zeit genommen, das Auto zu verlassen und zu laufen. Die Temperatur hat ein paar Kilometer zu verschiedenen Wasserfällen erlaubt. Hm. Wasserfall. Vom 6 km langen Wanderweg aus hattet Ihr einen großartigen Blick in den Canyon. Denselben Canyon habt Ihr am nächsten Tag am Grund erwandert. Vier Stunden seid Ihr im Virgin River gelaufen. In den „Narrows" rückten die Felswände immer näher zusammen. Du hast Dich zwar wohl, aber immer kleiner gefühlt. Die Wassertemperatur war mit 17 Grad Celsius auch über Hüfthöhe angenehm (Deine Wanderschuhe haben Dir den Trip verziehen), die Fließgeschwindigkeit war selten herausfordernd. Euer Gleichgewichtssinn und Eure Tiefenmuskulatur hätten durch keine Rüttelplatte im Fitnessstudio besser trainiert werden können. Und diese Aussicht erst.

Schon im Zion hattet Ihr das Gefühl, dass Winnetou und seine Kollegen jederzeit hinter einem der roten Felsen hervor reiten könnten. Der Bryce Canyon ist die Heimat der Hoodoos. Das ist kein Indianerstamm sondern bezeichnet Felspyramiden und -säulen in den unterschiedlichsten Formen und Rot-Schattierungen. Mit Eurem Jucy konntet Ihr einige Aussichtspunkte ansteuern, aber richtig toll war die Landschaft im Canyon selbst. Ihr habt einen typischen Touri-Reitausflug gebucht und seid für zwei Stunden auf Pferden und Mulis mit eingebautem Tempomat und Autopilot transportiert worden. Ein wenig Western-Gefühl kam durchaus auf und der Ohrwurm „Ghostrider`s in the Sky" tat sein übriges.

Du hast den Unterschied zwischen einem Muli und einem Pferd identifiziert: Mulis furzen noch mehr als Pferde. Die Kolonne bestand aus abwechselnd einem Muli und einem Pferd. Du hattest ein Pferd. Der Einsatz des Heckantriebs vor Dir bei Steigungen war unüberhör- und riechbar.

Was passiert, wenn die oberen Sand-Gestein-Schichten fester sind als die darunter, wenn Wasser, Kälte und Bakterien dazu kommen und man ein paar Millionen Jahre Zeit hat? Es bilden sich Bögen aus ehemaligen Wellen, die zunächst freigestellt und dann durch Erosion hohl werden. Im Arches Nationalpark in Utah gibt es um die 2.000 solcher Bögen. Der bekannteste und das Wahrzeichen des Staates Utah ist der Delicate Arch.

Nachdem Ihr an einem langen Fahrtag knapp 300 Meilen von Cannonville beim Bryce Canyon zurück gelegt hattet, habt Ihr zwei Nächte direkt am Colorado River bei Moab gecampt.

Naturnah, primitiv und ganz toll! Es hat in der Nacht ordentlich gewittert mit allem Zipp und Zapp und Euer Jucy hat gut geschaukelt. Blitze an beiden Enden eines Canyons sind beeindruckend und beängstigend zugleich. Schön, dass Du das nicht allein erleben musstest.

Nachmittags seid Ihr auf dem Colorado River gerafftet. Naja, mehr herumgetrieben. Da bist Du dann auch mal freiwillig ins Wasser gefallen und mit Valerie (Französin und Englischlehrerin in Wien) Kajak gefahren.

Samstagmorgen hat der Wecker um 4 Uhr (!) geschellt, um 5:15 wart Ihr am Einstieg in den Wanderweg zum Delicate Arch um dort den Sonnenaufgang zu erleben. Ihr hättet auf der Moräne konsequent links abbiegen und nicht bis nach oben gehen sollen. Dort musstet ihr nämlich über die Felsen klettern und standet dann zwar am Arch, aber auf der falschen Seite und vor einem riesigen Steinstrudel-Loch mit steilen Kanten. Hier wäre der längere – und langweiligere – Weg links einmal ganz um die Klippen der richtige gewesen. Ihr habt jedenfalls eine hübsche Extra-Runde vor dem Frühstück gedreht, aber zum Glück war keiner von Euch schuld, sondern die miese, weil nicht vorhandene, Beschilderung.

Auf dem Weg Richtung Grand Canyon seid Ihr durch das Monument Valley gefahren. Große rote Steine und dazwischen eine Buckelpiste für deren Zugang man teuer an die Navajos bezahlen muss. Natürlich kann man noch mehr ausgeben, die eigenen Stoßdämpfer schonen und sich mit einem Jeep fahren lassen. Ihr hattet bereits vom Freeway aus einige Bilder geschossen und seid nur eine Meile über Stein und Stein gefahren.

Die Nacht habt Ihr in Tuba City auf dem Hinterhof eines Hotels verbracht, dessen sanitären Außenanlagen Ihr nutzen konntet. Und es regnete wieder. Irgendwie waren die Wüsten hier ganz schön nass.

Bei den Grabungsarbeiten zum Bau des Freeway 160 in den

1940er Jahren wurden Dinosaurierspuren, Skelette, versteinerte Körper, Eier und Exkrementhaufen gefunden. Besonders gut erhaltene Fossilien wurden in die Museen der Welt gebracht. Doch sehr vieles und insbesondere die Spuren findet man noch im Navajo-Reservat bei Tuba City.

Fast an jedem Parkplatz entlang des Freeways im Reservat wurde selbst gebastelter Schmuck angeboten. Bei den Dino Tracks gab es auch Führungen von Navajos, gegen eine Spende und steuerfrei. Du hast Dich gefragt, weshalb die Städte im Reservat so ärmlich wirken, warum Schmuck das einzige Produkt zu sein scheint, warum die Schilder handgemalt sind – hat diese Parallelgesellschaft den Anschluss verloren oder nie gewollt?

Unvorstellbar groß ist er, der Grand Canyon. 446 km lang, 29 km breit und 1,6 km tief. So groß, dass Du die die Ausmaße von der Kante aus nicht begreifen konntest. Das lag am ersten Tag am Canyon auch vor allem daran, dass Ihr überhaupt nichts sehen konntet. Es gab massig dichten Nebel. In den darauf folgenden Nächten klarte die Luft auf und ihr konntet vom Campingplatz aus unglaubliche Blitze am Horizont beobachten, ohne selbst ins Gewitter zu geraten. Die Temperatur war sehr angenehm. An einem Morgen habt Ihr einen Rundflug mit einem Kleinflugzeug gemacht. Die Rüttelei kann man sich gerne mal durch den Kopf gehen lassen. Bildlich gesprochen. Aber auch aus der Luft ist der Canyon einfach nur riesig. Und der Colorado River war durch die Stürme braun statt blau.

Zum Abschluss Eurer Nationalparktour habt Ihr noch zwei Nächte auf Campingplätzen im Wald verbracht. Dort habt Ihr ganz archaisch Euer Steak auf Kohlen und Feuer gebraten und zum Nachtisch Marshmallows geröstet. Ihr habt Euer Feuer ganz traditionell und ohne Flüssiganzünder wie Eure Nachbarn gemacht. Die waren so nett, Euch Ihren übrigen frischen Salat anzubieten. Einer wollte sich gern unterhalten. Doch Ihr wart schon zu zweit und hattet immer noch Eure eigenen Themen.

Überwältigte, erinnerst Du Dich an das Bling Bling von Las Vegas und die Stadt hinter dem Strip?

Es war eine lange Fahrt durch das Nichts vom Grand Canyon über den Hoover Damm nach Las Vegas. Die Sonne ging hier bereits um 19:30 Uhr unter und die Lichter auf dem Las Vegas Boulevard gingen an. Auf dem sogenannten „Strip" blinkt es, es ist laut, es sind Menschenmassen unterwegs. Gelegentlich hast Du Dich in den Wald zurück gewünscht.

Die erste Nacht habt Ihr noch auf einem Campingplatz verbracht, auf einem teuren, asphaltierten Parkplatz im Schatten des Circus Circus Hotel mit Duschen und Waschmaschine. Es gab keine Gelegenheit, das Geschirr zu spülen, aber einen Agility Parcour und eine Hundedusche. Verquere Welt.

Der Campingplatz liegt am Ende des Strips, danach kamen Rotlicht und Shops für alle Bedürfnisse. Hierhin werden Männer mit Limousinen gebracht. Auf dem Strip hört man seltsame Schnipp-Geräusche: Schlecht gekleidete Menschen flippen Kärtchen aneinander und verteilen diese an Männer (auch an solche in Begleitung). Darauf sind (halb-)nackte Frauen in eindeutigen Posen – Werbung für die Bordelle in naher Umgebung. Manche Männer haben Stapel solcher Karten in der Hand; eine Großzahl der Werbemittel landet auf dem Boden neben Kinderwagen und Füßchen in rosa Crocks Größe 20.

Die folgenden Nächte habt Ihr im Planet Hollywood Hotel (PH) auf dem Strip verbracht. Gegenüber ist das Cosmopolitan, daneben das Bellagio, das Caesar Palace (bekannt auch aus „Hang Over") und dann kommt das Mirage. Neben dem PH sind das Paris und das Venetian. So konntest Du wenigstens auf Deiner Weltreise auch Rom, Paris und Venedig abhaken, denn den Trevi Brunnen, den Eifelturm und den Canale Grande hast Du dort gesehen. Und die tolle Wassershow vor dem Bellagio habt Ihr genauso bewundert wie den Vulkanausbruch vor dem Mirage. Nur der Schiffsuntergang vor Treasure Island war kaputt (vielleicht steckte „Miss Undercover" dahinter?). In den Hotels gibt es auch Hochzeitskapellen. Du hast Dir versprochen: Solltest Du irgendwann mal heiraten, dann bestimmt nicht hier in dieser bonbonbunten Welt der Plagiate.

Sich in einem Vegashotel zurechtzufinden ist eine hohe Kunst. Bekanntermaßen gibt es in jedem Hotel ein Casino. Und kein Hotelbetreiber möchte, dass man das Gebäude verlässt oder – noch wesentlich schlimmer – in seinem Zimmer schlafen geht. Vielmehr soll man möglichst viel Umsatz an den Spielautomaten und -tischen (Roulette, Poker, Black Jack, Würfeln) machen. Gewinnen ist dabei nicht vorgesehen. Die (alkoholischen) Getränke sind während des Spielens frei und leicht bekleidete Damen bringen kontinuierlich Nachschub – wenn man brav Trinkgeld gibt. Die Teppiche haben verwirrende Muster, es gibt keinen direkten Weg ans Tageslicht, die Aufzüge zu den Zimmern sind versteckt und die Richtungsschilder sind nicht wirklich eindeutig. Dafür ist die Sauerstoffzufuhr hervorragend und es ist kühlschrankkalt. Da hält man sich wahrscheinlich frisch. Du fühltest Dich an Hogwarts erinnert und glaubtest, dass die Treppenhäuser beweglich sind oder das Casino alle 30 Minuten umgebaut wird. Nur so erklärte sich Eure Orientierungslosigkeit ohne Spielen und Trinken.

Ihr habt etwas gespielt: für ganze drei Dollar an drei verschiedenen Automaten. Leider war keine Gebrauchsanleitung dabei und es war ein sehr kurzer Spaß. Für Dich ist eigentlich Roulette der Inbegriff von Casino. Nachmittags hattet Ihr Euch das vorgenommen. Doch Du hattest noch nie so gelangweilte Spieler und Croupiers gesehen und Dir ist die Lust komplett vergangen.

Nicht schlimm, Geld gespart und direkt vershoppt: Du wurdest stolze Besitzerin eines Haar-Locken-und-Glatt-Zaubergeräts und solltest nun auch auf Reisen die Haare schön haben. Sehr wichtig. Es ist ja nicht so, dass Du in irgendeiner Lagerkiste in Mülheim Lockenstab, Wickler und Glätteisen in diversen Ausführungen hättest, die in ähnlichen Anfällen gekauft und äußerst selten eingesetzt wurden. Aber diesmal war alles anders und dieses Haar-Ding sollte jetzt bestimmt viel besser sein als alle anderen aus dem deutschen Elektronikmarkt. Und der Verkäufer hat Dir schließlich auch acht Mal gesagt, wie „beautiful" Du seist. Ab dem siebten Mal war das Ding gekauft. Du bist schuld und nicht Deine Shoppingbegleitung, die das Objekt auch toll und für kaufenswert befand. Dass Du es von Costa Rica aus nach Deutschland schicken würdest, weil es im Rucksack völlig unnütz war, wusstest Du natürlich noch nicht.

Donnerstagabend war Monikas Freund Markus eingeflogen. Ganz zufällig überschnitten sich Eure Reisepläne hier in Vegas für eine Nacht, bevor die beiden sich nächste Woche für ihre Weiterreise in den USA an einem anderen Flughafen wiedertreffen sollten. Gemeinsam ging es zu Baba Gump Shrimps. Lecker war es und Ihr wurdet an die Weisheiten von Forrest Gumps Mama erinnert: „Das Leben ist wie eine Pralinenschachtel…"

Offenbar gehört es zu einer Weltreise, auch etwas Feldforschung im Gesundheitssystem zu machen. Einen spontanen Arzttermin in den USA zu bekommen, ist als Reisender fast unmöglich, wenn man nicht kurz vorm Notschlachten ist. Das System sieht es ohne Mitgliedschaft in einer US-Krankenversicherung einfach nicht vor. Bei manchen Kliniken kann man gegen Gebühr eine Kundenkarte erwerben, dann kommt man auch zeitnah dran. Das habt Ihr in San Francisco für Kalifornien herausfinden dürfen und nach vielen Telefonaten und untersuchungslosen Besuchen in verschiedenen Praxen hast Du bereits von dort aus einen Termin bei einem Arzt in Las Vegas gemacht. Doof war die Zeit ohne Diagnose, aber die Erlebnisse der letzten Wochen hatten Dich gut abgelenkt und Du warst sehr froh, nicht allein im Wartezimmer auf die Folter gespannt zu werden. Hier ging nun alles schnell und gut aus: Eine ambulante Mini-OP verlief komplikationslos und die Reise konnte weitergehen. Ein interessanter Nebeneffekt war, dass Ihr den Strip verlassen und festgestellt habt, dass hier auch ganz normale Menschen in einer ganz normalen Stadt leben.

Verlassene, erinnerst Du Dich an Deine Zeit beim Film in Los Angeles?

Es war wieder eine lange Fahrt von Las Vegas nach Los Angeles mit 38,8 Grad Celsius im Schatten, ein Campingplatz in LA und doch 80 km vom Zentrum entfernt, eine letzte Nacht im Jucy – das war vor Eurem Einzug in West Hollywood. Und natürlich war die airbnb-Unterkunft bei einem Schauspieler.

In LA sind alle Wege weit und ohne Euren treuen Jucy hattet Ihr Euch für West Hollywood entschieden. Hier ist man relativ nah am Fairfax Farmers Market, am Walk of Fame (da wo man die Sterne unter den Touristenfüßen kaum sehen kann) und nur 40 Minuten per Bus vom Santa Monica Pier entfernt. Der Pier war am Sonntag unglaublich voll, genauso wie der Strand. Mitch Buchannon hat in den 90ern auch mal besser ausgesehen. Ansonsten wart Ihr shoppen.

Eines Morgens warst Du wieder allein. Monika war landeinwärts geflogen, um noch ein paar Wochen mit Markus in den USA zu verbringen. Du hast Dich zum ersten Mal einsam gefühlt. Es kommt wahrscheinlich auf den Vergleichswert an. So wie Menschen keine absoluten Temperaturen sondern nur kälter oder wärmer fühlen können, war für Dich „allein" nach der intensiven Zeit zu Zweit nicht nur etwas kühl sondern eiskalt. Es blieb Dir nichts übrig, als das Beste draus zu machen.

So bist Du allein zu einer Tour in den Warner Brothers Filmstudios aufgebrochen. Obwohl man so gut wie ausschließlich Sets unter freiem Himmel zu sehen bekommt, da in den „Stages" gedreht wird, bekommt man einen guten Eindruck von der schillernden Scheinwelt. Gar nichts ist so, wie es im Kino aussieht. Ein bisschen hast Du wie bei der „Truman Show" auf den herabfallenden Scheinwerfer gewartet. Viele Sendungen haben Dir nichts gesagt, HIMYM wird hier nicht aufgezeichnet, von der Big Bang Theorie hast Du nur ein Stück Straße gesehen. Aber der Hut hat Dich im Harry Potter-Museum nach Griffindor geschickt. Und alle Batmobile sind voll funktionsfähig.

Schon gemeinsam mit Monika warst Du Bus gefahren. Nach Einbruch der Dunkelheit war das aus Santa Monica schon abenteuerlich. Belästigt wurden aber „nur" schwule Männer. Vormittags bist Du auch zu den Filmstudios mit dem Bus gefahren – mit zweimal umsteigen. Busfahren war relativ günstig, allerdings gab es keine Anschlusstickets und bei mehrfachem Umsteigen und ohne Wechselgeld warst Du dann auch einige Dollars los. Wenn LA ansonsten auch alle Gesellschaftsschichten der USA abbilden mag, im Bus sind es nur die Armen und Schwachen und eine paar verwirrte Touristen. Leider gibt es keinen Robin Hood an Bord, der Witwen und Waisen rettet. Bus fährt man nur, wenn man sich kein Auto leisten kann, nicht aus Umweltschutzgründen oder weil es schneller ginge.

Von den Filmstudios zurück bist Du dann Taxi gefahren. Weil Du dreimal gewarnt wurdest, wie gefährlich das Busfahren in der Ecke sei und weil Du auf dem Hinweg 40 Minuten in der Mittagssonne auf einen Anschlussbus gewartet hattest. So ist das, wenn man die ausgelatschten Touri-Wege mal verlässt.

Den Hollywood Schriftzug in den Hills hast Du nur von der Ferne aus gesehen. Gerüchte sagen, dass dort hin und wieder Menschenknochen gefunden werden. Mit diesem Kopfkino hast Du Dich von LA und Nordamerika verabschiedet. Dein schauspielender Gastgeber hat Dich bleiben lassen, bis abends Dein Taxi zum Flughafen kam.

Es war gut, dass nun ein neuer Reiseabschnitt auf Dich wartete. Du warst wieder allein, aber bereit, Dich Deinem Abenteuer Mittelamerika zu stellen.

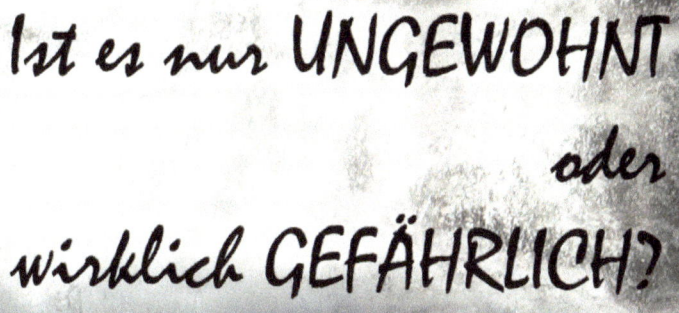

Ist es nur UNGEWOHNT
oder
wirklich GEFÄHRLICH?

Leg Deine
GEWOHNHEITEN ab!

Abseiling in einem Wasserfall in der Nähe von Quepos,
Costa Rica, 2014

Mittelamerika – Die Komfortzone verlassen

Eine Kultur, die Dir fremd ist, eine Sprache, die Du nicht sprichst, Gefahren überall. Du hattest Angst vor Deiner nächsten Etappe und dem Schritt nach Mittelamerika.

Aber Du hast Dich getraut. Du hast Deine Komfortzone verlassen und hast dabei gelernt, es langsam angehen zu lassen. Du hast geplant, wo möglich. Aber es musste nicht alles klappen. Du hast durchgeatmet und Dich auf Dein Bauchgefühl verlassen. Unbekannt ist nicht unbedingt gleich gefährlich.

Du hast fast sieben Wochen in Mittelamerika verbracht. In Costa Rica und Panama hast Du eine unglaubliche Tier- und Pflanzenwelt gesehen: Zu Lande, zu Wasser, in der Luft und bei Nacht. Dich haben großartige Landschaften beeindruckt: Strände, Regenwald, Vulkane.

Du hast liebenswerte und warmherzige Menschen kennengelernt, die Dich ihre Kultur erleben ließen: Deine Gastmutter Margerita und ihre Familie, Deine Spanischlehrerin Gloria, Deine Sprachtandem-Partnerinnen Angelica und Katherina, Deine Gastgeber in San Jose, Juan und Oscar, und viele Reisende mit denen Du wandernd, tauchend, quatschend und tanzend tolle Tage und Nächte verbracht hast. Als es nötig war, kam Silke zu Besuch und hat Dich aufgebaut.

Dein Selbstverständnis wurde durch geldorientierte Beachboys geschult; Deine Surfkompetenz allerdings auch. Deine Spanischkenntnisse hast Du in vier Wochen Intensivunterricht erworben und mit viel Geduld der Menschen im Alltag erweitert. Dein Spanisch war weiterhin etwas rückwärts, und die Vokabeln hast Du Dir gern aus dem Französischen ausgeliehen, aber Du hast es todesmutig eingesetzt. Die gemeinsamen Worte haben verbunden.

Bilder aus Mittelamerika? Hier:

http://geilereise.net/weltreise/das-buch/mittelamerika/

Aufgeregte, erinnerst Du Dich an Deinen Flug und das Willkommen in San José?

Du hast für Deinen Flug von LA in die Hauptstadt Costa Ricas online eingecheckt und zum ersten Mal wurde nach einer Kontaktnummer für den Notfall gefragt. Am Gate im Flughafen sprachen die Menschen Spanisch. Du hast nichts verstanden.

Für den Flug von LA bis zum Zwischenstopp in Guatemala wurdest Du in die Business First upgegraded: Zwei Sitze wo sonst drei sind, ein schickes Täschchen mit Socken, Schlafbrille, Zahnbürste, Creme und Essen mit Metallbesteck, Stoffserviette und von Porzellantellern. Sogar der Kaffee kann im Flugzeug schmecken. Es war jedenfalls eine schicke Erfahrung auf dem Weg in das nächste Abenteuer. Eine neue Sprache und ganz andere Kulturen erwarteten Dich und Du hast Dich darauf gefreut.

San Jose liegt auf gut 1000 Metern Höhe in einem Tal. Es war Regenzeit und die schwüle Luft um die 20 Grad warm. Die Sonne geht im August um 18 Uhr unter. Im Blockbuster Jurassic Park gibt es eine Strandaufnahme die mit San Jose/Costa Rica unterschrieben ist. In der Realität gibt es keinen Strand. San Jose ist geografischer, kultureller und vor allem logistischer Mittelpunkt des Landes.

In den nächsten Tagen hast Du viel geschlafen, gelesen und denkend die Wände angestarrt. Zum Glück waren die im Künstlerhaushalt Deiner airbnb Gastgeber Juan und Oscar nicht leer. Juan war Art Director und Partner bei zwei Magazinen, seine ausdrucksstarken Bilder schöner Frauen zierten die Wände der riesigen Loft-Wohnung. Oscar und er waren ein Paar. Du hattest das aus dem airbnb Profil herausgelesen und Dir überlegt, dass Du kaum sicherer unterkommen kannst.

Die beiden sprachen perfekt Englisch, waren unglaublich nett und hilfsbereit. Sie pflegten ein offenes Haus und Freunde gingen ein und aus. An einem Nachmittag war Juans Schwester mit ihren beiden Söhnen zu Besuch. Lego spielen die Kurzen auch in Costa Rica gerne.

Noch hast Du nicht wirklich viel vom Spanisch um Dich herum verstanden, oft wurde deinetwegen Englisch gesprochen. Wenn nicht, warst Du darum nicht böse, sondern hast es einfach nur genossen, dabei zu sitzen und die Atmosphäre zwischen Freunden und in der Familie aufzunehmen. Das Lachen, das aufmerksame Zuhören, das Scherzen und einander Ärgern, die Zuwendung von Menschen die sich mögen, unterschieden sich nicht von dem was Du kanntest.

Ängstliche, erinnerst Du Dich an die ersten Tage in Quepos?

Du hattest vier Wochen Spanischunterricht in Manuel Antonio gebucht. Der Shuttlebus der Schule holte Dich bei Juan und Oscar ab. Bei der Fahrt zum Busbahnhof hast Du die vergitterten Anwesen der Großstadt gesehen, der Fahrer ist wie vom Teufel gejagt durch die Gassen geschossen.

Auf dem Busbahnhof war irres Gewimmel offenbar an der Tagesordnung. Die Schulbeauftragte hat Dich und Deine zukünftigen Mitschüler in den richtigen Bus gewiesen, es waren vier Stunden von San Jose nach Quepos. Während der Fahrt hat Dein Mitschüler Willi, trotz seines Namens erst 22 Jahre alt, von seinem verlorenen Gepäck erzählt. Er hatte nur das, was er am Leib trug und ein Spanischschulbuch im Handgepäck. Ein paar Tage später tauchte sein Rucksack am Flughafen auf und wurde nach Quepos organisiert.

In Costa Rica wird viel informell organisiert. Gerade Post lässt sich ohne richtige Straßennamen schlecht zustellen. Deine Adresse in Quepos lautete „Hauptstraße Richtung Gesundheitsamt, hinter dem Supermarkt links, in 200 m auf der linken Seite grünes Haus nach dem großen Haus mit rotem Dach".

Deine Gastfamilie bestand aus Großmutter Margerita, ihrer

Tochter Gabriela und deren Tochter Mia, die mit im Haus lebten sowie weiteren Familienmitgliedern, die hier zwar nicht wohnten, aber trotzdem morgens das Bad benutzten.

Als Dich Margerita vom Bus abholte, sahst Du eine kleine, ältere Dame, die dunklen Haare mit weißen Strähnen zurückgebunden und mit einen sehr strengen Gesichtsausdruck. Sie fragte etwas auf Spanisch und Du konntest nur antworten „Yo no hablo Espanol. (= Ich spreche kein Spanisch.)" Sie rollte die Augen, murmelte „Alemana" und drehte sich um. Ihre Geste konnte wahlweise „komm mit" oder „hau bloß wieder ab" heißen. Du bist ihr zum Taxi gefolgt.

Die Sicherheitshinweise am ersten Tag bei der Orientierungsveranstaltung in der Schule waren erschreckend umfassend: zeige Kamera und Handy nicht in der Öffentlichkeit; trage nur ein Minimum an Geld bei Dir; wehre Dich nicht, wenn Du ausgeraubt wirst; nimm nach Einbruch der Dunkelheit immer ein Taxi; achte darauf, dass das auch ein offizielles Taxi ist (dafür muss es ein Dreieck an der Tür haben in der eine Nummer steht und diese muss mit den Ziffern auf dem Kennzeichen übereinstimmen – Kreis, Viereck oder Zahlendreher können gefährlich enden); pass immer auf Dein Getränk auf und nimm nichts zu Trinken oder zu Essen von Fremden, da Vergewaltigungsdrogen an der Tagesordnung sind; auch ohne Droge kannst Du jederzeit bedrängt werden; Menschen, die Du als Freunde betrachtest, meinen es nicht unbedingt gut mit Dir… Da war es verständlich, dass die Terrasse Deiner Gastfamilie einem Käfig glich. Du bist zunächst nur mit ständigem Schulterblick durch die Straßen zum Bus gegangen.

Schülerin, erinnerst Du Dich an Deinen Spanischunterricht?

Nach den ersten acht Unterrichtsstunden an zwei Tagen konntest Du einige regelmäßige Verben konjugieren und auch Fragen stellen. Wieder zu lernen, für vier Stunden am Tag konzentriert in einer Zweiergruppe, war ganz schön anstrengend. Deine Klassenkollegin Monika war Mitte 50 und aus der Schweiz. Ihr Deutsch war weit melodiöser als Deins. Eure Lehrerin Gloria ging individuell auf Euch ein und sprach nur ausnahmsweise Englisch. Eine Sprache, die Monika wiederum nicht verstand. So war Deine erste Sprachbasis für Spanisch ein Schweizer Denglisch und Ihr drei Mädels habt gut zusammen gelacht. Nach zwei Wochen reiste Monika weiter und Du hattest Einzelunterricht für zwei Stunden am Tag. Man mag es kaum glauben, aber das war mindestens genauso anstrengend und lehrreich.

Es war Regenzeit. So gut wie jeden Nachmittag nach Unterrichtsende hat es geschüttet. Mal mehr, mal weniger. Eines Nachmittags habt Ihr den Pool und Billardtisch des naheliegenden Backpacker Hostels geentert und Euch im Nieselregen gesonnt. Alles eine Frage der Einstellung. Das mittelmäßige Wetter unterstützte die wachsenden Spanischerfolge.

Dein Gehirn schien durstig nach Wissen zu sein. Du hattest am Lernen viel Spaß und merktest jeden Tag Fortschritte. Zu Hause wurde ausschließlich Spanisch gesprochen. Bald konntest Du Dich bei Frühstück und Abendbrot mit Margerita unterhalten und ihr Gesichtsausdruck wurde weich, wenn sie geduldig zuhörte und konstruktiv verbesserte. Natürlich hast Du sehr geradebrecht, aber das Gelernte wurde zum Alltag.

Hija, erinnerst Du Dich an das Leben im grünen Haus?

Du hattest in LA für Margeritas Enkelkinder Bastelkästen mit Knete, Luftballons und Perlgarn für Freundschaftsbänder gekauft. Für sie selbst hattest Du Toblerone am Flughafen besorgt. Nach der Taxifahrt ohne Worte zum grünen Haus war die Verunsicherung groß, alles war fremd und seltsam. Aber da Schokolade bekanntlich gut für die Seele ist und Spielen auch ohne Worte verbindet, hast Du Deine Geschenke übergeben. Ihr habt an diesem Nachmittag zusammen gespielt, Kaffee getrunken, Schokolade gegessen. Es war alles neu und sehr anders im Vergleich zum selbstbestimmten Reisen der vorherigen Wochen.

Dass Margeritas Tochter Gabriela mit im Haus wohnen würde, wusstest Du nicht. Sie war in der Unterkunftsbeschreibung nicht erwähnt worden. Viel hatte sich in der Familie in der letzten Zeit verändert, denn ihre achtjährige Tochter Mia hatte kürzlich einen Gehirntumor, die Operation und die anschließende Therapie überstanden.

Zunächst hast Du nur ihre kurzen Haare wahrgenommen, erst später auch ihre unkoordinierten Bewegungen und ihre kleinen und größeren Wutausbrüche. Man konnte die große Freude in den Augen ihrer Mutter und ihrer Großmutter darüber sehen, dass Mia überhaupt bei ihnen war. Bei den halbjährlichen Schulprüfungen habt Ihr gemeinsam gelitten und Euch über Mias schulische Erfolge gefreut.

Der Disney Channel lief morgens ab 6:30. Auch weil Mia das wollte. Zumindest konntest Du so nicht verschlafen, denn das Bett stand praktischerweise hinter der Wand mit dem Fernseher. Erst hattest Du Dich noch gewundert, wieso das Bett so wahnsinnig weich war und die Erbse gesucht. Nach dem Ausbau der zweiten Matratze hast Du gut geschlafen. Auch ohne Spanisch konntest Du Margerita überzeugen, dass eine einzelne Matratze vollkommen ausreichend für den verzogenen deutschen Rücken ist.

Frühstück gab es gegen 7:30 Uhr. Bis dahin war die kalte Morgendusche überwunden. Es war nicht so, dass das warme Wasser abgestellt worden wäre, es gab einfach gar keinen Wasserhahn für warm. Bei dem schwül-warmen Wetter in Costa Rica war das aber auch nicht notwendig, nur ungewohnt. Ab dem zweiten Morgen gab es zum Frühstück Tost und Obst, nachdem Du mit Händen und Füßen klar gemacht hast, dass Du den Reis mit Bohnen und Gewürzketchup, sogenanntes Gallopinto, nicht vor 11 Uhr essen kannst.

Eines Vormittags sind alle Enkel von Margerita – die zwölfjährige Paola, der zehnjährige Daniel und auch Mia – bei einem Tanzfestival aufgetreten. Du warst mit in der Open Air Veranstaltungshalle und schwer beeindruckt von den Farben und dem Temperament der Tänzer. Beim typischen Tanz Costa Ricas (und Zentralamerikas) werden Röcke geschwenkt und Hüften gewackelt, was das bunte Zeug hält. Dagegen waren Eure Jazz-Dance Auftritte zu Deiner Schulzeit recht blass. Obwohl Ihr bestimmt genauso aufgeregt wart.

Die Kinder tanzten auch bei den Feierlichkeiten zum Unabhängigkeitstag Costa Ricas von Spanien am 15. September. Es wurden Reden zu Bildungsgerechtigkeit und Naturschutz gehalten. Zentrale Themen hier, denn Costa Rica hat seit 1949 keine Armee mehr und der Staatshaushalt konzentriert sich auf Bildung und Umwelt. Pura Vida! Die Kinder haben selbstgebastelte Laternen spazieren getragen. Die Fackeln erinnern an die Nacht im Jahr 1821, in der der Unabhängigkeitsbrief aus Spanien ankam. Zum Lesen und Feiern brauchte man schließlich Licht.

Du warst nicht die einzige internationale Mieterin bei Margerita. Anne aus England hatte ihre Karriere als Steuerberaterin mit Anfang Fünfzig aufgegeben, um als Übersetzerin zu arbeiten. Monatelang unterrichtete sie als Freiwillige Englisch für die Mitarbeiter der Küstenwache von Costa Rica. Sie war bereits zum zweiten Mal in Quepos, hatte schon acht Monate am Stück fünf Tage die Woche gearbeitet, war am Wochenende immer nur zum selben Strand gegangen oder hatte Lokalradio gehört, um ihr Spanisch zu perfektionieren.

Margerita hat Dich eines Tages gefragt, was sie tun kann, um Anne mehr vom schönen Costa Rica zu zeigen. Anne wirkte glücklich mit ihrer Situation und innerhalb ihrer Komfortzone. So hast Du nur mit den Schultern gezuckt und Margerita murmelte etwas, das klang nach „man kann doch nicht immer nur in den eigenen vier Wänden hocken, die kennt man doch. Das Leben bietet so viel. Ich würde so gern reisen und kann es nicht mehr." An Deinem letzten Wochenende bei Margerita war Anne nicht da, um Dich zu verabschieden. Sie war zu einer mehrtägen Kanutour im Inland aufgebrochen, um neue Leute kennenzulernen und mehr vom Land zu sehen. Vielleicht brauchte sie nur Zeit.

Sportlerin, erinnerst Du Dich an Deine aufregenden Aktivitäten?

War der Kopf vom Lernen platt, kam der Körper dran. Du liebst Tanzen. Damit warst Du in einem mittelamerikanischen Land gut aufgehoben. Montags gab es einen Salsa-Tanzkurs an der Schule – natürlich warst Du gleich am ersten Schultag mit dabei. Die hakeligen Schwünge der deutschen und amerikanischen Hüften haben den temperamentvollen Tanzlehrer Nico fast zur Verzweiflung gebracht. Aber Ihr konntet am Ende wenigstens auf Spanisch bis acht zählen.

Eines Abends warst Du aufgrund der Integrationsbemühungen von Margerita in der offenen Sporthalle der Grundschule zum Zumba-Kurs gelandet. Die Trainerin Elena war auch Lehrerin an der Sprachschule. Vielleicht schrieb sie auch mit 120 BPM (= Buchstaben pro Minute) an die Tafel. Beim Speed-Zumba auf mittelamerikanisch konntest Du jedenfalls kaum mithalten. Und dabei hast Du Dich für sportlich gehalten.

Zumindest hast Du Deine Überlegungen aus Tofino wahr gemacht und Dir frühzeitig einen Surflehrer gesucht. Da das sonnige Wetter meist nach Schulschluss zu Regen wurde, war der beste Aufenthaltsort im Wasser. Bei der ersten Surfstunde hat es sofort funktioniert. Erste Welle, direkt aufs Board gejumpt und sie im Stehen geritten. So sollte das weiter gehen.

Es gab vor ein paar Jahren mal ein erfolgreiches Youtube-Video in dem es u.a. um einen „Keks mit Ohrsand" ging. Beim

Wellenreiten hast Du endlich gelernt, was das ist, denn den feinen Sand vom Strand in Manuel Antonio hast Du auch nach dem Duschen noch im Gehörgang gefunden. Das Sandniveau wurde wochenlang kontinuierlich hoch gehalten, denn Dein Tagesablauf in Quepos war von Schule, Hausaufgaben und Tide bestimmt.

Eines Nachmittags fing es an zu Donnern, als Du mit Deinem Surflehrer Carlos auf die nächste perfekte Welle gewartet hast. Ihr habt weit vom Strand entfernt auf Euren Boards gesessen, die Beine ins Wasser baumelnd, den Oberkörper aufgerichtet, als auch der Regen einsetzte. Die dicken Tropfen eines tropischen Gewitters klatschten auf die Wasseroberfläche. Das Meer war wärmer als das Wasser von oben. Richtung Horizont erschien es fast violett und war wunderschön. Bei Gewitter sollte man schnellstens das Wasser verlassen, hast Du zu Hause gelernt. Die Zuflucht an Land hätte aus Palmen bestanden. Carlos war sich sicher, dass die Gewächse eher Blitze anziehen würden als die Wasseroberfläche. Und die perfekte Welle ließ auf sich warten.

Auch wenn es gefährlich war, dies war nicht der Tag zum Sterben. Du glaubst an das Prinzip der „Final Destination". Es gibt ein Ablaufdatum für Dein Leben, das Du zum Glück nicht kennst. An diesem vorbestimmten Tag wird es garantiert vorbei sein. Aber auch nicht davor. Diese Vorstellung lässt Dich vieles probieren. Da Du den Rest aber gern weiterhin halbwegs gesund und vollständig erleben möchtest, gehst auch Du nicht jedes Risiko ungeprüft ein; nur immer ein kleines Bisschen mehr an Deine Grenze und darüber hinaus.

Eine Geschichte – ob wahr oder nicht – die Du in Neuseeland gehört hast, bestärkt Dich in Deiner Annahme des vorbestimmten Ablaufdatums: Ein Mann will in einem See tauchen gehen. Er bereitet seine Ausrüstung vor, prüft jede Druckluftflasche und alle Schläuche doppelt. In voller Montur steigt er ins Wasser und beginnt seinen Tauchgang. In der Nacht zuvor brach ein Waldbrand aus. Die Flammen entwickelten sich zum Inferno und inzwischen werden Löschflugzeuge eingesetzt.

Sie füllen ihre Wasserbehälter per Überflug aus dem See. Bei einer Ladung erwischt der Rieseneimer den Taucher, er bleibt unbemerkt und wird über dem Waldbrand mit dem Wasser abgeworfen. Seine Tauchausrüstung war fehlerfrei und es war trotzdem vorbei. Das ist „Final Destination".

Nur einmal hast Du einen Sportausflug mit Deinem Mitschüler Willi gemacht: Abseiling (heißt wirklich so, wahlweise Rapelling oder Canyoneering). Nach einer rumpligen Autofahrt zu einem Tal mit Stromschnellen und Wasserfällen habt Ihr Sicherheitsgurte, Helme und Seile bekommen und ab ging es ins Nass.

Du musstest feststellen, dass Willi und die beiden deutschen Mädels, die Eure Gruppe zufällig komplett gemacht haben, dem Druck beim Abseilen in einem 15 Meter Wasserfall wesentlich besser standhalten konnten. Du bist einfach nur ordentlich durchgespült worden und hattest Angst um Deine Kontaktlinsen. Kopfüber in einen Tümpel springen wolltest Du auch nicht. Da war es mit dem Komfort für den Moment vorbei. Aber Spaß hattest Du.

Amiga, erinnerst Du Dich an Deine Freundinnen, die Ticas?

Zu Anfang warst Du oft mit Deinen Mitschülern in den netten Kneipen und schicken Touristen-Bars von Quepos und Manuel Antonio aus. Nach einer Woche hast Du beschlossen, dass Dein Spanisch nicht besser wird, wenn Du es nach Schulschluss nur noch sprichst, wenn Du Hunger hast. Und so hast Du Dich nach Kontakten zu Ticos und Ticas (umgangssprachlich für Menschen aus Costa Rica) umgeschaut.

Eines Abends warst Du zu Hause bei Deiner Zumba-Trainerin. Da die Halle nicht frei war, hatte sie die Ladies kurzerhand zu sich nach Hause eingeladen. Jede hat etwas zu Essen oder Trinken mitgebracht. Als Deutsche war Dein Beitrag Bier. Inmitten der schnell schnatternden Damen warst Du zunächst mit Deinem bisschen Anfänger-Spanisch auf verlorenem Posten. Trotzdem hast Du dazu gehört und Dich immer wohler und sicherer gefühlt. Auch der Weg zur Bushaltestelle wurde immer weniger gruselig.

Die Schule hat angeboten, zwischen Spanischschülern und Ticos zu vermitteln, um Sprachtandems zu bilden. So hast Du Angelica kennengelernt und Ihr habt Euch bei Eurem ersten Treffen über Länder, Kulturen und das Leben im Allgemeinen unterhalten. Das Ganze war in einer Mischung von Englisch und Spanisch und mit viel Interesse auf beiden Seiten.

Einen Tag hast Du mit Angelica und ihrem fünfjährigen Sohn Andi zu Hause in Naranjito verbracht. Der Ort liegt eine halbe Stunde landeinwärts. Im Bus warst Du definitiv die einzige Ausländerin. Sie hätte Dich auch vom Busbahnhof in Quepos abgeholt, aber wäre dann eine Stunde nur dafür unterwegs gewesen und Du bist ja schon weitgehend erwachsen.

Sie hat für Euch gekocht, Ihr seid zum nahegelegenen Fluss gefahren und es hat in Strömen geregnet. Du bist zum ersten Mal in Deinem Leben aus dem Auto ausgestiegen, um zu Fuß zu prüfen, ob die Furt vor Euch gerade noch flach genug ist, um durchzufahren. Der Nachmittag mit ihrer Familie war wirklich toll.

Am nächsten Tag bist Du mit Angelicas Freundin und Deiner zweiten Sprachtandempartnerin Katherine wieder nach Naranjito und weiter Richtung Londres gefahren – diesmal mit dem Fahrrad. Katherine hat Dir Helm und Bike von ihrer Schwester besorgt. Das Fahrrad war wesentlich besser als das Mietfahrrad in Banff, Kanada. Bei Naranjito habt Ihr Euch mit Angelica getroffen. Die 40 Kilometer insgesamt waren malerisch, das „Chicharrón" (Spanferkel mit dicker, gerösteter Haut) super und alkoholfreies Bier sollte man immer mit Limettensaft und Salzrand trinken. Du hast dieses Wochenende mit Freundinnen sehr genossen. Du warst wirklich angekommen.

Reisende, erinnerst Du Dich an den Tag, an dem Du Deine Rolle überdenken musstest?

Samstags war meist irgendwo ein Surfkontest der Lokalmatadore. Zu einem dieser Events an der Playa Hermosa haben Dich Dein Surflehrer und seine Buddies mitgenommen. Es gab große Wellen, dunklen Sand, coole Musik und definitiv auch was fürs Auge.

Adrenalin gab es schon auf dem Hinweg: Ihr wurdet bei einer allgemeinen Verkehrskontrolle von einem Polizisten mit Maschinenpistole rausgewunken. Nach 20 Minuten Check wurde die Gültigkeit Deines Visums bestätigt und Ihr konntet weiterfahren.

Später hast Du festgestellt, dass das Leben manchmal wie eine Mamunchino ist (die Frucht sieht aus wie eine große Lichie): Hart und stachelig, innen gar nicht so schwarz, wie Du erwarten würdest, und dazwischen süß.

Deine Erfahrung war hart, denn Du wurdest nach dem Surfwettbewerb von den mitreisenden Freunden Deines Surflehrers Carlos aufgefordert, das Abendessen für alle zu bezahlen. Das musstest Du erstmal verdauen. Du? Ein „Big Spender"? Du hast sehr deutlich „Nein" gesagt, denn diese Rollenzuweisung schmeckte Dir überhaupt nicht. Du wurdest dann für den Rest des Abends gepflegt ignoriert.

Normalerweise freuen sich Menschen über Deine Gesellschaft, insbesondere wenn sie Dich eingeladen haben, irgendwohin mitzukommen. Immerhin durftest Du wieder mit nach Quepos fahren. Aber die Illusion, dass Du mit den Locals abhängen dürftest, weil Du so ein netter Mensch bist, wurde Dir genommen. Das waren die Stacheln.

Nachdem Du sicher wieder zu Hause warst, hast Du Deine Meinung klar formuliert per Whatsapp an den Organisator des Ausflugs Carlos geschickt: „Ich hasse es, ignoriert zu werden – ist mir schon einmal passiert. Noch öfter habe ich viel zu lange gewartet. Und ich bin kein Big Spender der für Gesellschaft und Freunde bezahlt." Du hast vorgeschlagen die Beziehung klarer zu definieren. Option 1: Eine professionelle Zusammenarbeit für Surfen, dafür bezahlst Du gern. Option 2: Beenden und Rückerstattung. Option 3: Freundschaft, aber bitte auch freundlich und respektvoll. Seine Wahl fiel auf Option 1. mit einer interessanten Erklärung: Mann möchte sich nicht zu sehr an Dich gewöhnen, da Du ja wieder abreist. Dafür hat Mann sich dann auch für die Essensfrage entschuldigt. Und die folgende Surfstunde war erwartungsgemäß lehrreich und angenehm anbaggerungsfrei. Das war der überraschend helle Kern.

In Costa Rica musstest Du Dir über Deine Rolle klar werden.

Ein richtiger Tourist warst Du nicht. Aufgrund des begrenzten Budgets fielen Banana-Boot, Parasailing und Cocktailabende aus. Du bliebst länger als eine übliche Pauschalreise dauert. Außerdem wohntest Du nicht in einem Hotel und die Dusche war immer kalt. Im Rucksack waren mehr Reiseapotheke und Hardware als Klamotten. Margerita kochte typisch lokales Familienessen. Es gab jeden Abend Reis.

Ein normaler Sprachschüler warst Du nicht. Du hast mit einem anderen Motiv gelernt als die Meisten an der Schule, denn Du wolltest Dich in den nächsten Monaten in Peru, Bolivien und Chile verständigen können und beim Kinderhilfsprojekt in Cusco nicht nur Gartenarbeit ohne Sprechen machen. Deshalb hast Du Dir Sprachtandempartner Spanisch-Englisch gesucht.

Eine Tica warst Du definitiv nicht, obwohl Du es für ein paar Wochen gern gewesen wärst. Auch in Costa Rica investieren nicht alle Menschen gern in eine Freundschaft mit Ablaufdatum durch Abflug. Leider.

Du warst eine Reisende, die hier und dort mal in die Kultur schnuppern darf. Du konntest die Welt bereisen, tolle Menschen treffen und beeindruckende Landschaften sehen, lernen und Dir Zeit nur für Dich nehmen. Das war sehr, sehr süß.

Monate später in Neuseeland piepte Dein Handy: Surfbuddy

Carlos entschuldigte sich für sein Verhalten. Es sei nicht in Ordnung gewesen und er hätte es mehr als einmal bereut. Was solltest Du dazu sagen: Lange her und längst verziehen. Umso besser, wenn sich auch die Einstellung geändert hat.

Tierliebe, erinnerst Du Dich an Deine Ausflüge an der Küste?

Was haben ein Faultier, Schmetterlinge, Krabben und Affen gemeinsam? Alle trifft man bei einem gemütlichen Spaziergang im Nationalpark Manuel Antonio.

Am Strand versuchte dann noch der Waschbär die Tasche zu klauen und Du bist bei seiner Verfolgung durchs Gebüsch gekrochen.

Ein Faultier beim Futtern zu beobachten, ist fast schon meditativ. Es dauert lange, denn schnell sind die wirklich nicht. Überhaupt sind Faultiere eine Klasse für sich. Wie mag sich wohl das Fell anfühlen? Flauschig? Wohl eher nicht. Vermutlich eher kratzig und filzig, eben wie Wolle, die ständig wieder nass wird und trocknet. Und kommt die seltsam grünliche Farbe von zartem Moosbewuchs? So ein Tier riecht bestimmt ganz besonders schön. Sehr hübsch ist der Teil auf Rücken und Hinterkopf des Tieres, wo das Fell aus beiden Wuchsrichtungen aneinander stößt. Der Scheitel hat sich während der Evolution auf den Bauch verlegt.

Als häufigste Todesursache von Faultieren wird ein Fehlgriff gehandelt: Normalerweise bewegen sie sich langsam fort indem sie sich mit Vorder- und Hinterpfoten am Ast festhalten. Verwechselt das Tier nun aber seinen eigenen Arm mit einem Ast und lässt ansonsten los, fällt es tief. Willkommen im landesweiten Zoo von Costa Rica.

An einem Wochenende warst Du in Uvita, 2 Stunden Busfahrt südlich von Quepos, und hast in einem Baumhaus gewohnt. Das Flutterby House war ein Hostel mit Abenteuerspielplatz-Charakter. Die Atmosphäre war extrem entspannt, nah am Strand gelegen, mit natürlichem Regenwald-Sound nachts und spanischem Gypsy Swing tagsüber. Bei Regen hieß es einfach Relaxen in der Hängematte mit einem Ananas-Mango-Banane Smoothie und abwechselnd Games of Thrones (inzwischen Band 7) lesen, schlummern und Vokabeln büffeln.

Je nach Flutlevel kann man die Sandbank Bahia Ballena in Form einer Walflosse zwischen Playa Uvita und Playa Hermosa sehen und betreten. Das hieß eine Wanderung um 6 Uhr morgens. Es war ein besonderer Anblick, als die Brandung von zwei Seiten aufeinander zulief.

Später war der Strand voller Menschen. An jenem Wochenende fand ein Festival zum Thema Wale und Delfine in Uvita statt. Es gab ermäßigte Bootstouren zu den Aufenthaltsorten der Wale. Buckelwale bleiben vor der Küste im warmen Pazifik für 4 Monate um ihre Kälber aufzuziehen und neue zu produzieren. Leider kann man hier kaum Schwanzflossen sehen. Ein 18-Meter-Wal würde sich sehr bald die Nase am Grund stoßen, wenn er so richtig wie im Atlantik vor Cape Cod abtauchen würde. Viel zu Fressen gibt es für Mama hier allerdings eh nicht, sodass der Aufenthalt einer postnatalen Rückbildungskur gleich kommt.

Natürlich hast Du eine Tour auf einer Nussschale für 12 Personen mitgemacht. Als das Baby dem Boot neugierig sehr nah kam, hat Mama Wal erzieherische Maßnahmen ergriffen und es mit einem Flossenklaps weggeschickt. Erziehung ist halt alles, auch bei Wals zu Hause. Die Meeresschildkröten, die ihre Eier am benachbarten Strand legen, setzen da eher auf Laissez-faire bei ihrem Nachwuchs. Alt werden beide, wenn sie denn erwachsen werden.

Deine Hostelmitbewohnerin Meggie aus Hamburg wühlte eines Tages sehr verzweifelt in ihren Sachen. Ihre Kreditkarte und etwas Bargeld waren weg. Nachdem sie alles dreimal in der Hand gehabt hatte, rief sie sich ein Taxi, um bei der Polizei Anzeige gegen unbekannt zu erstatten. Ohne Polizeibericht zahlt die

Versicherung der Kreditkartengesellschaft nicht für eventuelle Verluste.

Zum ersten Mal seit langem hast Du Dich auch nicht mehr ganz sicher gefühlt. Und Du warst erschüttert, dass Reisende sich untereinander beklauen könnten. Das Hostel war für Externe nicht zugänglich.

Dein Bargeldvorrat im Hostelsafe reichte gerade für Deine Rechnung und das Busticket zurück nach Quepos. Aber andere Reisende konnten Meggie mit Bargeld für die restlichen zwei Tage bis Abflug nach Deutschland aushelfen.

Monate später hast Du in Deinem Facebook-Nachrichtenfach eine Nachricht vom Flutterby House gehabt: Sie hatten Meggies Kreditkarte gefunden, aber leider keine Kontaktdaten, um sie zu informieren. Die hattest Du auch nicht, aber Dein Bild des Reisenden war wieder in Ordnung.

Ralleyfahrerin, erinnerst Du Dich an Deinen Road Trip mit Silke?

Deine Freundin Silke kam nach Ende Deiner Schulzeit zu Besuch. Ihr hattet acht Tage für einen Road-Trip von Manuel Antonio bis San Jose und habt Euch den Nordwesten um La Fortuna, den Vulkan El Arenal, die Regen- und Nebelwälder um Monteverde und das Surf- und Yoga-Paradies Santa Teresa an der Spitze der Halbinsel Nicoya erobert.

Zunächst musstet Ihr Euren Mietwagen bei der Station in Quepos abholen. Der Suzuki Jimny war klein, eher winzig, dafür aber mit Allradantrieb, Klimaanlage und ohne Servolenkung. Beim bergauf Fahren musste man schon mal pusten, damit es auch voran ging, denn Leistung hatte der Kleine nicht unter der Haube. Nachdem das ganze Gepäck und die Einkäufe verstaut waren, habt Ihr festgestellt, dass die Heckklappe nicht abschließbar war. Schon nicht gut in Deutschland, definitiv schlecht in Mittelamerika. Also seid Ihr wieder zum Vermieter gefahren, habt das reklamiert und solltet Euch zum Wagentausch bei der nächsten Vermietstation auf Eurem Weg nach Norden einfinden. Gesagt, getan. Als Ihr dort ankamt, war die Station geschlossen, Siesta. Mit frischem Frucht-Smoothie vom Stand um die Ecke war die Wartezeit auszuhalten und Ihr irgendwann wieder auf der Piste.

230 km sind normalerweise kein Thema. Aber was ist schon normal in Mittelamerika. Es wird spätestens um 18 Uhr dunkel und der Großteil der Strecke führte nicht über ausgebaute Straßen oder gar Autobahnen, sondern über Serpentinenstrecken, die Ihr Euch mit Fahrradfahrern, Fußgängern, Gegenverkehr und kriechenden Monstertrucks teilen durftet.

Ihr kamt nicht wirklich schnell voran, überholen war mit Mini-Jimny nicht drin. Es war vor allem abenteuerlich, was Euch dort so auf der Straße begegnete. Vor Euch fuhr ein Pick-Up mit einem Wellblechhausdach, das sich plötzlich löste, in die Luft flog und glücklicherweise zerbröselte bevor es auf Eurem Dach landen konnte. Zwischendurch gab es den üblichen Sturzregen der Regenzeit, der das Vorwärtskommen zusätzlich erschwerte. Nach einem Regenguss wurde es leider auch noch sehr nebelig, zudem recht schnell dunkel und auf den Straßen dann doch bald zu gefährlich. Ihr habt einen spontanen Zwischenstopp in Ciudad Quesada eingelegt.

Das ist vermutlich die größte Stadt im Nordwesten des Landes. Dort habt Ihr auch spontan noch ein Hotel gefunden, das vergittert war und in das man nur nach Klingeln eingelassen wurde. Schien aber kein Stundenhotel zu sein. Die freundliche Dame am Empfang hat Euch mit umgerechnet 14€ für ein Doppelzimmer einen guten Preis gemacht. Inklusive echten Handtüchern und einer warmen Dusche. Für Dich war das die erste warme Dusche seit sechs Wochen. Die vermeintlich einfachen und selbstverständlichen Dinge weiß man dann sehr zu schätzen.

Die Landschaft in der Region El Arenal ist ein Traum. Das Grün ist unbeschreiblich leuchtend. Wälder, Wiesen, Felder wechseln einander ab. Die Straße führte über abenteuerliche Brücken. Der Vulkan gehört zu den wenigen weltweit aktiven Vulkanen; der letzte Lavastrom war 1992. Der nächste Ausbruch wird in den nächsten Jahren erwartet. Dennoch hat sich rund um den Vulkan eine recht lebhafte Tourismusindustrie angesiedelt. Es gibt diverse Naturparks aber auch die Möglichkeit in vulkanwarmen Thermen zu baden. Ihr wart Wandern, Eure Kameras immer im Anschlag.

Von La Fortuna seid Ihr in Richtung Monteverde aufgebrochen. Zunächst ging es auf asphaltierten Straßen rund um den Vulkan und den dahinterliegenden Stausee (man munkelt eines der besten Windsurfgebiete der Welt). Am Straßenrand stand ein lustiges Schild: seltsame Tiere dürfen nicht gefüttert werden. Schon eine Kurve später saß ein Nasenbär auf der Straße und schaute Euch mit großen Kulleraugen erwartungsvoll an.

Nach einem Drittel der Strecke hörte die Asphaltdecke auf und es ging für die restlichen 40 km über Schotterpiste. Dann setzte bald der übliche Regen ein, was nicht wirklich ein Gewinn auf einer solchen Strecke ist. Es holperte ganz schön, Eure Wirbelsäulen wurden ordentlich durchgerüttelt, es ging von links nach rechts, tiefe Rinnen und dicke Steine machten das Fortkommen nicht einfach. Du hast Dich am Lenkrad festgekrallt, Silke klemmte zwischen Armaturenbrett, Sitz und Himmel. Glücklicherweise war nicht viel Verkehr. Dabei handelt es sich um die Hauptroute in eines der wichtigsten Natur- und Tourismuszentren des Landes.

Monteverde ist berühmt für seine Nebelwälder. Wenn es hier nicht regnet, wird es neblig. Neben den beeindruckenden Pflanzen ist auch eine vielfältige Tierwelt zu bewundern. Kolibris brummten Euch tagsüber wie Hummeln um die Köpfe, riesige Spinnen und Nachtfalter sowie die leuchtenden Augen der nachtaktiven Säugetiere haben Euch bei Euren Wanderungen im Dunkeln verfolgt. Ihr wart nie allein.

Es gibt in Santa Elena im Zentrum der Region neben den

diversen Nationalparks immerhin zwei Universitäten – und eben Schotterpiste. Irgendwann fiel Euch auf, dass Ihr versäumt hattet, in der letzten größeren Stadt zu tanken. Schleppen sich Tankwagen eine solche Schotterpiste herauf? Ja, es gab sogar zwei Tankstellen.

Schließlich habt Ihr dort den ultimativen Tipp für Buckelpisten von einem Tico bekommen: man brettere mit 40 Stundenkilometern über die Piste, das sei besser für Mensch und Maschine. Zunächst habt Ihr Euch da nicht so wirklich getraut – aber er hat Recht. Trifft man die Erhebungen in der richtigen Frequenz fliegt man über die Schlaglöcher hinweg und wird nicht so arg durchgerüttelt. Abgesehen davon, dass der Wagen ab und an mal ausbricht und etwas eigenwillig reagiert, ist es prima. Man muss halt bei dieser Fahrweise verstärkt auf die üblichen Fußgänger, Radfahrer und Hunde auf der Fahrbahn achten.

Euer Auto sah nach den Schotterpisten innen sowieso aus wie einmal durchgerollt: völliges Chaos. Rücksitze klappten sich von alleine um, und alles wanderte auf einmal aus dem Kofferraum über die Rückbank nach vorne. Nach insgesamt 655 km quer durch Costa Rica, insbesondere über Buckelpisten, hat sich für Dich eine neue Berufsperspektive entwickelt: Ralley-Fahrerin.

Euer Auto sollte am Busbahnhof von Puntarenas abgestellt und der Schlüssel einem der dortigen Ticketverkäufer in die Hand gedrückt werden, weil die Mietwagenfirma hier keine Station hatte. Das wurde Euch bei Abschluss des Mietvertrags so gesagt. Ihr habt das Auto ordnungsgemäß geparkt, nur spielte der Ticketverkäufer nicht mit und weigerte sich standhaft, den Schlüssel an sich zu nehmen. Ein Anruf beim Vermieter ergab dann folgende Lösung: Schlüssel unter den Fußmatten platzieren, Auto nicht abschließen und dann so stehen lassen. Ihr wart zwar mehr als skeptisch, hattet jedoch keine Alternative, da Euer Bus nach San Jose bald abfuhr. Der Bus hatte Verspätung, so konntet Ihr beobachten, wie Servicekräfte des Vermieters Euer Autolein in Empfang nahmen. Klappte also – wie immer.

Entspannte, erinnerst Du Dich an Euren „Personal Mood Index"?

Silke stellte an ihrem Ankunftstag fest, dass Ihr unterschiedliche Entspannungszustände habt. Ihr habt Euch den „Personal Mood Index" (PMI) ausgedacht, um Euren Entspannungszustand auf einer Skala von 1 „völlig unentspannt" bis 10 „sehr entspannt" darzustellen. Während Du in ihren Augen bei einer 11 unglaublich entspannt warst, schätzte sie ihren eigenen mit 2 zu Beginn sehr niedrig ein.

Später hat sie festgestellt, dass sich ihr Entspannungszustand zumindest veränderte. Zum Beispiel schoss sie beim Warten auf den Bus am Anfang zunächst Richtung Einstieg los, sobald der Bus um die Ecke kam. Die Ticos taten erstmal nichts, weil die Leute erstmal aussteigen müssen bevor man einsteigen kann. Ein paar Tage später machte ihr schon die große Kakerlake in der Hostelküche nichts mehr aus – muss sie ja nicht mitessen.

Geradezu tiefenentspannt war Eure Reaktion, als Ihr während Eures Frühstücks in der Müslitüte einen Wurm entdecktet; lebendig und auf dem Weg nach draußen. Ihr habt weitergefuttert, Euch das Treiben des Wurms angeschaut und überlegt, was Ihr nun machen sollt. Frühstück wegschütten? Nein, dann hättet Ihr neuen Joghurt kaufen müssen. Euch ekeln oder den Wurm ignorieren? Ignorieren. So schlimm ist ein Wurm schließlich auch nicht. Ihr habt dann nur noch überlegt, ob Ihr die Müslitüte in die Mikrowelle stecken und erhitzen solltet. So wäre er gestorben, und Ihr hättet erhöhten Proteinanteil in den Frühstücksflocken gehabt. Schließlich durfte er im Biomüll weiterleben.

Nach dieser Geschichte gab sich Silke immerhin schon eine 5, denn völlig entspannt war sie noch nicht. Sie wachte frühmorgens auf und fragte sich, was Ihr heute mit dem Tag aktiv anstellen solltet. Sich einfach mal treiben zu lassen war ihr oft noch zu schwierig.

Du durftest Deinen Blog an Silke abgeben und mal für ein

paar Tage Urlaub vom Schreiben machen. Deine Aufgabe bestand lediglich darin, Silke an Deinen Entspannungszustand heranzuführen. Gar nicht so einfach, denn für Dich war Regen in der Regenzeit sehr normal geworden. Wenn es nass genug ist, hört es schon wieder auf und Ihr seid trotzdem an den Strand gegangen. Einen angebrannten Pancake beim Frühstück im Hostel hast Du kommentiert mit: „Bisschen dunkel geworden, aber ist ja inklusive" und die allgegenwärtigen Insekten gar nicht mehr wahrgenommen, wohingegen Silke die Ameisenstraße an der Wand sehr kritisch beäugt hat. Im direkten Vergleich war es also nur eine Frage der Gewöhnung.

Hungrige, erinnerst Du Dich an die traumhaften Früchte?

Beim Essen In Costa Rica waren zentrale Fragen: Was essen denn die Einheimischen und wo? Wie umgehe ich das weltweite Fast-Food-Einerlei? Oft sprachen Reisenden nur über den nächsten Burgerladen.

Zum Frühstück isst man in Costa Rica Gallopinto: Reis gemischt mit einer Curry-Ketchup-artigen Soße. Du hast es bei Deiner Gastfamilie probiert und lieber zugunsten von Obst und Müsli darauf verzichtet. In einem Hostel gab es das beste Frühstück ever: Obst, Obst, Obst und Toast.

Das wahnsinnig frische und reife Obst im tropischen Costa Rica ist einfach köstlich. Banane, Mango, Papaya, Mamonchinos und Ananas, als Gemüse Avocado. Oft wird das Obst direkt aus dem Garten an der Straße verkauft.

Mittags habt Ihr nach einem Soda Ausschau gehalten. Das sind kleine Restaurants, die von Einheimischen im Familienbetrieb geführt werden und Mama oder Abuela (Oma) stehen hinter dem Herd. Es gibt hier alles frisch zubereitet ohne Fertigmischungen. Frische Sandwiches, Salate, Burger, Reisgerichte mit Fisch oder Fleisch und vor allem gibt es dort das lokaltypische Casado. Das ist ein gemischtes Hauptgericht, immer bestehend aus Reis und

Bohnen und Salat. Dazu kann man dann Fisch, Fleisch oder Gemüse bestellen. Oft gibt es gebackene Kochbananen dazu. Diese Hauptgerichte sind reichlich, günstig und vor allem sehr, sehr lecker.

Abends wurde öfter eine Guacamole aus Avocado, Knoblauch, Limettensaft, Tomatenstückchen, Salz und Pfeffer zusammengerührt und zu Tortillachips verspeist. Die Avocados vor Ort waren ein Traum. Aber eine gute Guacamole schmeckt auch im Harz zu gebackenen Kartoffeln.

Nachfragende, erinnerst Du Dich an die Lösungen?

Du hast in den folgenden Tagen eine Erkenntnis gewonnen: Wenn man fragt und erklärt warum, wird einem umfassend geholfen. Schlimmer als „Nein" wird es nicht:

Beispiel 1: Du hattest im Internet eine neue Unterwasser-/ Sportkamera bestellt und Silke hatte die aus Deutschland mitgebracht. Vor Ort hast Du festgestellt, dass das Gerät für Deine Zwecke nicht geeignet war, weil zu groß, zu schwer und keine Panoramafunktion. Da lebtest Du lieber weiter mit Deiner vorhandenen Kamera mit leichtem Wackelkontakt und Silke hatte die neue Originalverpackt wieder mit nach Deutschland genommen. Du hattest die Widerruffrist leider (im wahrsten Sinne) verschwitzt und eigentlich hättest Du nun auf einer neuen Kamera gesessen bzw. Dein Bruder hätte sich um den Verkauf kümmern müssen. Der Preis war immerhin äquivalent zu 20 Hostelnächten. Zunächst wurde Dein Rücksendeantrag (rechtlich berechtigt) vom Verkäufer abgelehnt. Du hast in einer weiteren Mail die Situation erklärt und (tataa) Du durftest die Kamera doch noch zurück geben.

Beispiel 2: Du hattest für Südamerika ein Hop-on-Hop-Off Busticket mit 24/7 Notfallhotline und diversen Aktivitäten gebucht. Das ganze galt eigentlich für ein Jahr, Du wolltest es vom 2. Oktober bis Ende November nutzen. Mitte November solltest Du wieder Besuch aus Deutschland bekommen und die Strecke von der Atacama-Wüste bis Santiago de Chile überfliegen, um Dich dort mit Carmen zu treffen. Daher konntest Du nicht alle inkludierten Transfers und Aktivitäten des Tickets wahrnehmen. Normalerweise ist das dann halt p. P. (persönliches Pech). Du hast aber beim Reiseveranstalter nachgefragt. Eine Rückerstattung gab es nicht, aber Du durftest Dir alternative Aktivitäten auf Deiner Route aussuchen.

Nüchterne, erinnerst Du Dich an die Karibik?

Du hast einem Zwischenstopp in San Jose bei Deinen früheren Gastgebern Juan und Oscar mit Silke gemacht, bevor sie wieder nach Hause musste. Nach ihrer Abreise bist Du zum Busbahnhof gefahren und nach fünf Stunden Busfahrt an der karibischen Ost-Küste Costa Ricas angekommen.

Puerto Viejo ist ein kleines, sehr touristisches Küstenstädtchen. Die Haut der Locals ist dunkler als im Westen des Landes. Das ist in der Sklavenhistorie begründet. Reggae, Dreadlocks und Marihuana sind allgegenwärtig. Reis und Bohnen gibt es hier auch, allerdings mit Kokosmilch gekocht. Das Karibische Meer ist genauso warm wie der Pazifik, aber wesentlich klarer. Und zu diesem Zeitpunkt regnete es hier weniger als im Westen.

Du bist allein an den Strand gegangen. Beim gemütlichen Blick gen Himmel fiel Dir auf, dass man vielleicht nicht unter einer Kokospalme liegen sollte. Von so einer Nuss werden jährlich mehr Menschen erschlagen als von Blitzen. Darüber hinaus wird eine (blonde) allein reisende Frau natürlich von den anwesenden Herrlichkeiten abgecheckt und Du wurdest mehrfach darüber informiert, wie gut man Dich behandeln möchte. Ja nee, is klar. Auch das bestimmt total gut gemeinte Angebot einer Gratisprobe der lokalen bewusstseinserweiternden Pflanzenwelt abends in der Bar hast Du dankend abgelehnt. @Holzauge: Immer schön wachsam sein.

Puerto Viejo hat viele Strände, in verschiedenen Farben. Der Sand am Playa Negra – schwarzen Strand – ist superfein, sehr schwarz und megaheiß. Menschen werfen vom Strand aus Netze ins Wasser. Ob das eine lustige Väter-und-Söhne Wochenend-Beschäftigung war oder der ernsthaften Nahrungsbeschaffung diente, war nicht eindeutig. Aber Du hast gefragt, was da gefangen werden sollte: kleine Fische. Die würden dann im Ganzen gebraten. Manchmal ginge auch ein größerer Fisch ins Netz. Und einige der kleinen würden wiederum zum Angeln größerer Fische genutzt. Für den Fang würden Löcher außerhalb der Reichweite der Wellen in den Sand gegraben; quasi kleine Teiche. Zum Glück für die Fische waren die Wellen aber unberechenbar und einige durften wieder hinausschwimmen.

Als Du da so allein am Strand gesessen hast, kam ein stark schwitzender, kleiner aber durchtrainierter Mann aus dem Gebüsch. Er ging in einem Bogen zum Wasser, eindeutig in Deine Richtung. Du hast die Tüte mit der Kamera zwischen die Knie geklemmt und Dich erneut und besonders laut mit einem weiteren Fischer auf Spanisch unterhalten. Der kleine Mann ging in einem Halbkreis um Dich herum, grüßte freundlich und zog sich in sein Gebüsch zurück. Gefahr erkannt, Gefahr gebannt.

Auf dem Rückweg bist Du in einem Cafè einer Hard Core Bitter Sweet Chocolate Tart erlegen: Mürbeteig mit einer extrem schokoladigen Füllung. Dazu sehr zu empfehlen: hausgemachte, nur wenig gesüßte Zitronenlimonade.

Grenzüberschreitende, erinnerst Du Dich an den Fußweg nach Panama?

Von Puerto Viejo in Costa Rica nach Bocas del Toro in Panama gibt es Shuttle Busse. Dazu gehören Guides, die einen Abschnitt für Abschnitt über die Grenze bringen:
   1. Guide: Taxi in Costa Rica bis zur Ausreise-Steuer-Zahlstelle in Costa Rica, 2. Guide: Zu Fuß von Steuerzahlstelle zu Ausreise-

Stempel-Stelle in Costa Rica, 3. Guide: Zu Fuß über die Brücke = Grenze, 4. Guide: Einreise-Steuer-Zahlstelle Panamas, 5. Guide: Einreise-Stempel-Stelle in Panama, 6. Guide: Transfer zu Bootanleger per Minibus, Ohne Guide: Warten und Bootsfahrt nach Bocas del Toro.

Der ganze Spaß hat knapp 6 Stunden gedauert. Eine Menge Service für US$ 25. Die Währung der Vereinigten Staaten ist in Costa Rica genauso akzeptiert wie die lokalen Colónes (die wurden nach Christopher Columbus, hier Cristóbal Colón, benannt). Panama nutzt US-Scheine und nur die Münzen sind einheimisch.

Mit Dir im Taxi von Puerto Viejo saß ein Paar aus Holland. Sie waren auch schon viel gereist, aber eine Grenztour zu Fuß über eine lückenreiche Bahnbrücke hatten auch sie noch nicht erlebt. Schon mit Rucksack war es ein Stolperparcours, mit Koffern auf Rollen kaum machbar.

Regelmäßig wurdet Ihr gefragt, mit wem Ihr denn über die Grenze gekommen wärt. Nun hatte Euer Guide mit jedem Abschnitt gewechselt und Ihr hattet eindeutig den Überblick verloren. Statt Namen habt Ihr Euch auf T-Shirt-Farben und Figur beschränkt und seid auch so in Bocas del Toro in Panama angekommen.

Praktikantin, erinnerst Du Dich an Deine Schnorcheltour mit Chef Miguel?

Du wolltest Schnorcheln gehen. In der Inselregion um Bocas del Toro ein Leichtes. So hast Du den Tour-Anbieter, der jeden Tag im Hostel herumlungerte, gefragt und ein Angebot für eine Halbtagestour für unglaubliche US$ 10 bekommen. Später stellte sich heraus, dass Du der einzige Gast sein solltest. Das Boot würde Dich zu einer Insel mit Schnorchelmöglichkeit bringen und dann zwei Stunden später wieder zurückkommen. Upps, Du allein mitten im Nirgendwo?

74

Der Bootskapitän Miguel – Mitte Fünfzig – machte einen vertrauenswürdigen Eindruck und Du dachtest Dir, dass Du immer noch wieder zurück fahren könntest, falls es komisch werden sollte. Immerhin warst Du den aufdringlichen Tour-Verkäufer schon losgeworden, indem Du nicht mit ihm auf dem Steg tanzen wolltest. Er fand eine willigere Touristin am nächsten Tag.

Miguel musste dann erstmal tanken und Ihr fuhrt in ein Wohngebiet, in dem eines der Pfahlbauhäuser eine Tankstelle war. Tankstelle bedeutete in diesem Fall, dass ein großer Tank im Haus stand. Tanken hieß Benzin aus einem Eimer durch einen Trichter in den Kanister auf dem Boot zu füllen. Mit dem Trichter konnte danach die dreijährige Tochter des Tankwarts weiterspielen.

Dann ging es auf zur Schnorchelinsel Solarte. Die vereinbarten 10 Dollar warst Du für das Benzin losgeworden und wolltest Dir den Spot zumindest mal anschauen. Und irgendwie hattest Du immer noch ein gutes Gefühl. Du hast Miguel dann auf Spanisch erklärt, dass Du sehr überrascht davon bist, allein auf Tour zu gehen. Er beruhigte Dich, indem er sagte, dass er seine Kunden nie allein lässt und er an einer Boje in der Bucht wartet. Du könntest jederzeit zum Boot zurückkommen und auch Deine Sachen im Boot lassen. Am Strand war nur eins sicher, dass nämlich selbst Dein Handtuch geklaut würde. Soweit so gut.

Das Riff war ganz nett und Du bist nach einer Viertelstunde Schnorcheln zum ersten Mal aufgetaucht und hast zum Boot geschaut. Miguel winkte aufgeregt und rief Dich zurück ins Boot: Er hatte einen Anruf bekommen und sollte eine Ganztagestour für eine siebenköpfige Familie aus Panama zu machen. Er fragte, ob Du Zeit hättest und mitkommen magst. Seine Frage war verständlich: bei der Tour war definitiv mehr Geld drin. Er ernannte Dich also kurzerhand zu seiner Praktikantin, wie hätte er sonst die Deutsche in seinem Boot erklären sollen.

Es war ein Wahnsinns-Tag, an dem Ihr Delfine in der Dolphin

Bay gesehen habt, bis zum Nationalpark Cayos Zapatillas gefahren seid und Dich die Familie letztlich halb adoptiert hat. Ihr habt gequatscht, gelacht und rote Frösche im Wald gefunden. Erst bei Sonnenuntergang habt Ihr wieder am Bootsanleger in Bocas Downtown angelegt.

McGiver, erinnerst Du Dich an Deine Mitbewohnerin Agata?

Am nächsten Tag hast Du eine ähnliche Tour in einem vollgeladenen Touristen-Boot gemacht. Kostete doppelt soviel und hatte weit weniger Lokalkolorit. Dafür war Deine Zimmernachbarin Agata aus Polen dabei und Ihr hattet ebenfalls viel Spaß – nur eben anders.
Agata hatte die letzten zwei Jahre in Kolumbien gelebt und gearbeitet. Für sie war Panama sicher und teuer. Vergleichsweise.
Ihr habt Euch ein Vierbettzimmer zu zweit für 7 Euro pro Nase und Nacht geteilt. In Eurem Chaos lebten auch ein paar Küchenschaben und eine Maus. Aber Not macht ja bekanntlich erfinderisch. In Deiner McGiver Tüte hattest Du ein Seiden-Inlett fürs Bett mit Anti-Insektenausrüstung. Das Essen habt Ihr mit Deinem Kletterkarabiner zum Schutz vor Mäusefraß an die Decke gehängt, Deinen Expander hast Du als Wäscheleine genutzt und die Stirnlampe war bei kaputter Glühbirne sehr praktisch im Bad.
Am ersten Abend in Panama fiel Dir auf, dass Dein E-book Reader nicht mit eingereist war. Du Dussel hattest ihn im Hostel in Costa Rica unter dem Kopfkissen liegen lassen. Weil Du kurz vorher ein Passwort eingestellt hattest, war das Gerät für andere nutzlos und wahrscheinlich auch deshalb an der Rezeption abgegeben worden. Zwischen Deinem Standort in Panama und dem Hostel in Costa Rica lagen nur sechs Stunden Reise, aber gefühlte Welten. Auch weil Du ein Ticket in einem Kleinflugzeug zurück nach San Jose gebucht hattest und gar nicht mehr selbst nach Puerto Viejo zurück fahren solltest. Die Mitarbeiter im

Hostel in Costa Rica suchten jeden Tag Reisende, die auch nach Bocas fahren wollten, um ihnen den Kindle mitzugeben. Leider erfolglos. Schließlich war es Agata, die das Gerät im Hostel abholte, mit nach Europa nahm und per Post zu Deinen Eltern schickte. Die beiden haben es mit nach Australien gebracht und so ist auch Dein E-book Reader ganz schön rumgekommen.

Vorsichtige, erinnerst Du Dich an die Gefahren?

Panama gilt an sich als unsicher. Insbesondere am Strand sollte man am besten gar nichts dabei haben. Manchmal klangen die Gespräche der Reisenden im Hostel nach einer gruseligen Variante von Abenteuertourismus: Man tauschte sich darüber aus, an welchem Strand man mit einer Machete ausgeraubt wird und wo schon Touristinnen vergewaltigt wurden. Beides sind Erfahrungen, die niemandem zu wünschen sind.

Der Galgenhumor brachte Euch dazu, zu philosophieren, wie viel Geld man dabei haben muss, um nicht vergewaltigt zu werden, und wenn man erst vergewaltigt würde und dann ausgeraubt, ob man dann dafür bezahlt hätte. Sich in einer Gruppe aufzuhalten und im Zweifel manche Gegenden zu meiden, war der beste körperliche Schutz, der rabenschwarze Humor bewahrte Euch von Angstattacken.

Verspätete, erinnerst Du Dich an Deine Weiterreise nach Peru?

Das Kleinflugzeug aus San Jose hatte wegen eines Sturms umgedreht und stand am Donnerstag nicht zum Rückflug aus Panama zur Verfügung. Doof, denn so hast Du auch Deinen Flug nach Lima in Peru verpasst. Ebenso erging es dem Paar aus Holland vom Einreiseabenteuer. Ihr habt über Stunden gebangt, ob das Flugzeug noch kommt und mit der Fluggesellschaft verhandelt. Schließlich hättet Ihr einen Gutschein bekommen können. Selbe Strecke, innerhalb eines Jahres einzulösen und

nicht übertragbar – also sehr nützlich für Europäer auf Reisen.
Ein Taxi wäre sehr teuer und zeitlich problematisch geworden, den Bus nach San Jose mit 12 Stunden Fahrzeit brauchtest Du zum Erreichen Deines Weiterflugs gar nicht berücksichtigen.

Mit Hilfe Deiner fixen Reiseexperten in Deutschland ließ sich der Flug nach Peru gegen Gebühr umbuchen, aber Deine komplette Planung der ersten Woche in Peru war dahin. Notiz an Dich: Das war ein deutsches Problem, weil Du viel zu viel im Voraus geplant hattest.

Es war ein Tag in Panama, an dem Du ziemlich verstrahlt durch die Gegend gelaufen bist. So fühlt sich wahrscheinlich ein Aufenthalt in einem Wurmloch an: Verloren zwischen Zeit und Raum. Aber immerhin warst Du in dem Land mit den glücklichsten Menschen; es lag eine Zeitung am Flughafen aus, die eine Studie mit genau diesem Ergebnis zum Inhalt hatte. Vielleicht färbte das noch ein wenig ab. Du hast das total gut gemeinte Angebot des Fluggesellschaftsmitarbeiters, bei ihm zu übernachten und so Kosten zu sparen, dankend abgelehnt und bist in Dein Hostel zurückgekehrt. Ins selbe Bett im Zimmer mit Mausi und Schabi.

Am folgenden Tag ging dann der Flug und Du bist wieder für eine Nacht in San Jose bei Juan und Oscar eingekehrt. In einem Bus zwischen Downtown San Jose und Flughafen lief folgender Text über einen Bildschirm: „La vida no es un problema que necesito resolver pero es un milagro del Dios que nosotros debemos descubrir y disfrutar – Das Leben ist kein Problem, das man lösen muss, sondern ein Wunder Gottes, dass wir entdecken und genießen sollen." Du hast es nicht so mit Kirche, aber die Lebenseinstellung hat Dir gefallen. Muchas Gracias!

Schritt für Schritt zum Ziel

Weg in der Pre-Inka-Stadt Pikillacta, Peru, 2014

Südamerika – Schritt für Schritt zum Ziel

Immer nur den nächsten Besenstrich sehen und nie die ganze Straße betrachten, empfiehlt Beppo der Straßenfeger im Kinderbuch „Momo" von Michael Ende. Du hast diese Weisheit als Kind gelesen und gerade auf Deiner Reise in Südamerika wurde sie besonders wichtig.

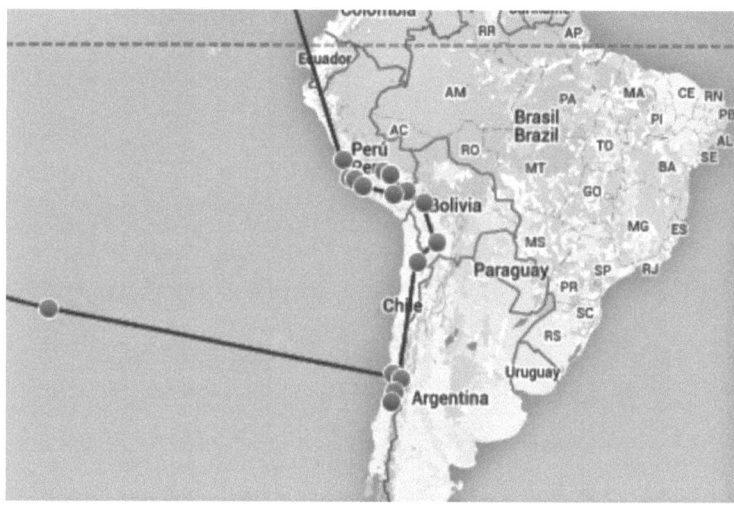

Diese Sichtweise gilt für die Überwindung physischer Wege wie 30 km auf dem peruanischen Inkatrail nach Machu Picchu bei 35 Grad Celsius auf 3.000 m Höhe oder eine Drei-Tages-Wanderung im Colka Canyon mit Magen-Darm-Problemen genauso wie für große Projekte wie dieses Buch. Du hast machbare Abschnitte definiert, Dich immer nur auf den nächsten Teil konzentriert und auf einmal bist Du angekommen.

Aber oft warst Du auch zu schnell, bist weiter gereist, ohne zuvor angekommen zu sein. Du hast irgendwann gelernt, Deine Schritte in Deinem Tempo zu gehen und Dir vorgenommen, geduldiger mit Dir zu sein. Manchmal musstest Du einsehen, dass Du es nicht allein schaffen kannst. Und manchmal musst Du Dir

Unterstützung suchen – und sei es ein duldsamer Muli, der Dich aus dem Canyon trägt, wenn Du nicht mehr laufen kannst.

Bilder aus Südamerika? Hier:

http://geilereise.net/weltreise/das-buch/suedamerika/

Ist es das SYSTEM
oder bist DU es?

Nutze das System
und TU es.

Produktionsstätte für Moai am Vulkan Maunga Roa auf der
Osterinsel, Chile, 2014

Südamerika – Helfen, wo es nötig ist

Du kannst zu Hause auf der gemütlichen Couch im Warmen sitzen und lamentieren, dass Du doch eh nichts machen kannst. Dass das System Dich nicht lässt, dass es zu spät ist, dass es nicht in Deiner Verantwortung liegt, die Welt zu verbessern. Es sind jedoch die kleinen Schritte, mit denen Du helfen kannst. Dem Menschen der vor Dir steht, kannst Du die Hand reichen.

Mit dem System bei dem Hilfsprojekt in Peru warst Du nicht einverstanden, es war Dir nicht nachhaltig genug, weil die Freiwilligen ständig ausgetauscht wurden. Du würdest nicht das ganze System ändern, aber als ein kleiner Junge mit Deiner Hilfe etwas besser Rechnen gelernt hat, hattest Du etwas bewirkt. Du konntest seine kleine Welt verbessern, weil er am nächsten Tag keine Angst haben musste, als er an die Tafel gerufen wurde. Und als er dann seinen kleinen Bruder mitbrachte, damit Du auch ihm das Multiplizieren beibringst, hast Du verstanden, dass es nie zu spät ist, anzufangen.

So hast Du beschlossen, zukünftig langfristig vor Deiner Haustür zu kehren, nah dran an Deiner gemütlichen Couch. Das Reisebudget kannst Du für Orte spenden, an denen Du selbst nicht langfristig etwas bewegst.

Andreita, erinnerst Du Dich an Deine Entdeckung von Lima?

Lima ist groß – sehr groß! In diese Stadt passt die gesamte Bevölkerung von Costa Rica oder der Schweiz locker rein. Du bist abends gelandet und per Shuttle Service ins Hostel transportiert worden. Auch das Hostel ist mit 100 Betten riesig. Du wohntest für Deine ersten zwei Nächte in Südamerika in einem gemischten Zehn-Bett-Zimmer. Naja, „gemischt" hieß ein Weiblein und das warst Du.

Am Sonntag nach Deiner Ankunft waren Wahlen in Peru. Das hieß Alkoholverbot von Samstagnacht an und viele geschlossene Geschäfte am Sonntag. Eigentlich hattest Du Dich zu einer Stadtrundfahrt durchgerungen. Meist war Dir das viel zu teuer. Zum Glück fürs Budget war das Ticketbüro wegen der Wahlen geschlossen. Aber die öffentlichen Verkehrsmittel fuhren. Die Metro ist in Lima keine Bahn auf Schienen sondern Schnellbusse auf Sonderspuren. Superschick, sauber, billig und (am Sonntagnachmittag) voll.

Der erste Ausflug führte Richtung Norden ins klassische Lima Downtown: Viele klassizistische Gebäude und die erste große Architektur für Dich seit Monaten. Wegen der Wahlen war ein Fernsehteam vor Ort. Spannend. Zusammen mit einem älteren Herrn hast Du die Szene von einer Bank aus beobachtet und gemeinsam kommentiert. Du hast Dich jeden Tag gefreut, Spanisch zu lernen.

Nach der Show einer Militärband an der Plaza Mayor ging es mit der Metro Richtung Süden in den Stadtteil Barranco. In dem winzigen Restaurant haben ausschließlich Peruaner gegessen. Es war supervoll – das sprach für die Qualität des Essens. Zum Kaffee hast Du einen peruanischen Tischnachbarn bekommen und Ihr habt Euch über Reisen, Politik und erneuerbare Energien unterhalten. Später am Strand hatte Dich der Pazifik wieder. Hier ist das Wasser allerdings wieder kalt.

Zurück im Stadtteil Miraflores waren dann auch die Geschäfte geöffnet. Du brauchtest einen Gürtel, die Hosen rutschten inzwischen nämlich ziemlich. Vorher war das nicht aufgefallen, da Du Jeans und andere lange Hosen lange nicht ausgepackt hattest. Dir fielen die vielen Schuhgeschäfte auf. Das konnte mehrere Gründe haben: Du selbst hattest seit 4 Monaten nur drei Paar Schuhe – inklusive Flip Flops. Auch gab es in Zentralamerika wenige Schuhgeschäfte. Die Leute trugen Flip Flops oder ziemlich mies sitzende Auslaufmodelle.

Backpackerin, erinnerst Du Dich an die erste Woche schnelles Extreme-Hostel-Hopping und Sightseeing in Peru?

Die Hostelwelt war weiterhin etwas Besonderes für Dich. Jeden Tag hast Du spannende Reisende getroffen. Jeden Tag neue Gesichter, aber auch tolle Geschichten. Manchmal spielten die Bewohner auch einfach Brettspiele oder schauten gemeinsam Fernsehen – eine Familie in der Fremde und auf Zeit. Als Sprache wurde die gewählt, die alle am Tisch konnten: zumeist Englisch. Die Hostels waren meist sauber, modern, auf internationalem Standard – und spielen alle dieselbe Playlist mit Songs von Jack Johnson, Bob Marley und Nirwana.

Knapp vier Stunden dauerte die Busfahrt von Lima nach Paracas. Peruanische Langstreckenbusse erinnerten doch sehr an Flugzeuge: Safety Check, Gepäckaufgabe, Stewardessen, Boardkino, Essensservice und darüber hinaus Liegesitze und Kuscheldecke.

Das kleine Küstenstädtchen Paracas konzentriert sich voll und ganz auf den Tourismus. Am Busbahnhof warten Touragenten auf die müden Neuankömmlinge, um ihnen das Ticket für eine Bootstour oder in die Küstenwüste zu verkaufen. Du bist nicht allein aus dem Bus ausgestiegen und hast den Weg zum Hostel in Begleitung der Verkäufer überwunden. Sophie und Robyn aus England und Rosalie aus den Niederlanden checkten im selben Hostel ein und sollten Dir in Peru immer wieder begegnen.

Paracas hat eine hübsche Promenade von der aus zig Boote täglich zur Isla Ballesta, Klein-Galapogas, fahren. Bis vor einigen Jahren wurde hier industriell Guano abgebaut und zwar sehr viel davon. Das ist wertvolle, weil stickstoffreiche Vogelscheiße, nützlich als Dünger. Inzwischen ist die Inselgruppe ein Naturreservat und die Latrine wird nur noch alle zehn Jahre gereinigt; das letzte Mal vor vier Jahren. So roch es auch. Auf diesem riesigen Berg Kot hocken unendlich viele Pelikane, Kormorane und Humboldpinguine. Seelöwen sonnen sich an den Klippen.

Auf dem Boot hast Du neben Julia, Medizinstudentin aus Bayern, gesessen. Sie war nach zwei Monaten in Peru auf dem Weg nach Lima und genoss ihre letzten Tage vor Abflug nach Deutschland. Sie erzählte von ihrer Erfahrung mit der halluzinogenen Droge Ayahuasca, die in Peru von Heilern und Scharlatanen gleichermaßen verkauft wird. Sie hatte an einer begleiteten Ayahuasca-Traumreise mit einem Schamanen teilgenommen und war schwer begeistert. Zwei Jahre Psychotherapie nach der Scheidung ihrer Eltern und dem Tod ihres Vaters hätten nicht so viel gebracht, wie dieser eintägige Trip auf Droge.

Sie hatte Dich tatsächlich neugierig gemacht und Du hast ihren Schamanen gegoogelt. Wichtig war dort, vor der Sitzung die zentrale Frage Deines Lebens zu formulieren. Diese Frage hat Dich viel beschäftigt, aber eine Antwort auf Droge zu finden, machte Dir Angst. Drogen waren noch nie Deine Baustelle gewesen und in Südamerika wolltest Du nun auch nicht damit anfangen. So bist Du vielleicht schon Deiner Frage näher gekommen, die Antwort musst Du noch finden. Irgendwann.

Das umliegende Naturreservat ist eine Küstenwüste mit Straßen aus Salz und Stränden in verschiedenen Farben. Während der Bustour durch die Wüste hast Du Luca aus Frankreich getroffen. Er arbeitete in der Hauptsaison in einem Restaurant in Südfrankreich und gab nun das verdiente Geld reisend in Peru aus. Bei der gemeinsamen Mittagspause in einer Oase hast Du das erste Ceviche Deines Lebens gegessen: Fisch und Meeresfrüchte die mit Limettensaft „gegart" wurden. Sehr lecker und am Besten mit Blick aufs Meer genießen!

Huacachina ist eine kleine Oase in der Küstenwüste Perus knapp 100 km von Paracas und fünf Kilometer von Ica entfernt. Der Ort ist auf den 50 Sol Geldscheinen abgebildet. Was man hier macht? Unwirkliche Landschaften genießen, Sandbuggy fahren und Sandboarding. Es war ein Riesenspaß kopfüber auf einem Holzbrett die Dünen runter zu sausen! Den feinen Sand hattest Du hinterher überall.

Nachmittags wurde eine Wein- und Pisco-Probiertour angeboten. Du warst mal wieder die einzige Auswärtige. Witze über Deutsches Bier auf Spanisch waren inklusive.

Du hast zwei Bodegas (=Weingüter) besucht. Die eine moderner als die andere, weil der Wein in Plastikfässern gelagert wurde; in der anderen wurden die traditionellen Keramikvasen benutzt. Diese geben auch dem lokalen Schnaps den Namen: Pisco hieß „Vogel" in der alten Sprache und die Form der Amphoren erinnert sehr an einen konischen Vogelkörper. In beiden Bodegas wurden die Trauben mit den nackten Füßen gestampft.

Der Wein in der Region um Ica ist sehr, sehr süß. Der Pisco erinnert an Grappa und ist sehr, sehr stark. Schlimm wird es, wenn man abends damit weitermacht und dem berühmten Pisco Sour zu sehr frönt. Man darf auch die Salmonellengefahr nie zu gering einschätzen. Pisco Sour besteht aus frischem Limettensaft, Zuckersirup, Pisco und rohem Eiklar. Das Ganze wird mit Eis aufgemixt und schmeckt wie ein Zitronensorbet mit ordentlich Kawumm.

Du wohntest wieder in einem Mehrbettzimmer im Hostel. Die Übernachtung für zwei Nächte kostete genauso viel wie ein Salat zum Mittag oder Rührei und Fruchtsalat zum Frühstück: rund 12 Euro. Da sich hier alles um Touristen drehte, war kaum günstiges

Essen zu finden. Es war auch kein Supermarkt zur Selbstversorgung verfügbar, das Hostel hatte gar keine Küche für die Bewohner. Dafür hast Du wieder viele spannende Traveller getroffen, die meist ebenfalls lange unterwegs waren. Ihr habt Euch ausgetauscht und Du hast festgestellt, dass nicht nur Du langsam satt von Hosteltalk bist (wo kommst Du her, wo warst Du schon, was liegt noch an?). Schön, dass Dir die Mädels aus dem Hostel in Paracas und Luca aus Frankreich wieder begegnet sind, Rosalie kam sogar mit zur nächsten Destination.

Tags darauf ging es weiter nach Nasca. Mit Peru hast Du die Inka verbunden. Es gab aber noch einige wichtige Völker vor den Inka. Die Nasca wurden benannt nach der Region in der sie vorrangig lebten. In Nasca gibt es die Nasca Linien zu sehen. Sie sind noch vor der Inkazeit entstanden und ziemlich geheimnisvoll. Linien in den Wüstenboden geritzt, teilweise über hundert Meter lang, zeigen unter anderem einem Wal, einen Kolibri, einen Affen – und einen Alien, respektive Astronaut. Es gibt viele Theorien, die sich um die Entstehung dieses Unesco Weltkulturerbes ranken. Für Dich sah das klar nach dem Blockbuster „Stargate" aus. Ein Steintor mit absonderlichen Zeichen führt durch ein Wurmloch in eine Welt, in der Pyramiden Raumschiffe sind und Menschen die Sklaven von Außerirdischen.

Der Flug über die Linien in einer Cessna war extrem schaukelig, aber die Aussicht war unschlagbar. Auf rohem Ingwer zu kauen hat Dich vor dem großen Kotzerama bewahrt. Im kleinen Flieger waren Mädels aus Brasilien und Mathew aus den Vereinigten Staaten von Amerika.

Mathew arbeitete für ein Softwareunternehmen in den USA. Er leitete ein Team von 80 Mitarbeitern, ohne selbst ein Büro zu haben, nur mit Nutzung von Videokonferenzen. Inzwischen war er über zwei Jahre unterwegs in der Welt, sein Haus war nur ein Lager für all die Souvenirs, die er von Zeit zu Zeit dorthin schickte. Wenn er mal Ruhe brauchte oder das Geld ausging, kroch er für ein paar Wochen bei Freunden unter. Er war fasziniert vom Reisen und gleichzeitig dessen müde geworden.

Mathew und Rosalie nahmen auch an Deiner nächsten Tour teil, denn in Nasca gibt es außer den Linien einen archäologisch erkundeten Pre-Inka Friedhof zu besuchen: Negropolis. Die Nasca haben ihre Toten mumifiziert und mitsamt ihren Habseligkeiten in unterirdischen Grabkammern bestattet. Da blieben zumindest die Erbstreitigkeiten aus. Ganze Familien wurden nacheinander, aber gemeinsam, in einer Kammer unter die Erde gebracht. In manchen Regionen war und ist es üblich, die Mumien einmal im Jahr herauszuholen, herumzutragen, neu anzuziehen und mit frischer Nahrung zurückzubringen. Die Mumien und weiteren herumliegenden Knochen waren faszinierend und gruselig zugleich.

Zum ersten und zum Glück einzigen Mal wurdest Du von einem typischen Hostelproblem heimgesucht: Bettwanzen. Über hundert Bisse zierten Deine Arme und Beine. Das hattest Du nun davon, dass Du Dein Insect Shield Bettinlett einmal nicht ausgepackt hast.

Du warst zerstochen, müde und zudem satt von den vielen aufeinanderfolgenden Eindrücken. Deine körperliche Reisegeschwindigkeit war zu schnell für Deine Seele. Auch Dein Magen-Darm-Trakt war seit Tages unglücklich und es stand trotzdem schon der nächste Punkt auf dem Programm: Nachtbus nach Arequipa zum Trekking in den Colca Canyon.

Schwache, erinnerst Du Dich an den rettenden Muli?

Nach einer zehnstündigen Nachtbusfahrt von Nasca nach Arequipa war 3 Uhr morgens Pick-up am folgenden Tag wirklich früh. Drei Tage Trekking bei über 30 Grad Celsius und auf mindestens 2.660 m Höhe standen Dir bevor.

Am ersten Tag gab es in Chivay nach weiteren drei Stunden Busfahrt ein lokales Frühstück mit Quinoa, Brötchen und

Marmelade. Die versprochenen Kondore am Cruz del Condor sind nicht aufgetaucht.

Es leben ungefähr 50 Kondore in Familien im Canyon und haben einen Lebenszyklus wie Menschen. Sie werden 60 bis 70 Jahre alt. Die Küken werden erst mit rund 13 Jahren flügge. Bis dahin warten sie im Nest auf Futter und ihre Flugfedern. Die Familien bleiben ein Leben lang zusammen.

Dann folgten 8 km Abstieg in Serpentinen von 3.287 m in San Miguel auf 2.660 m. Die kleine Finca lag im Tal auf der anderen Seite des Colca River. Nach einer Nacht im Zimmer mit Basisausstattung und Skorpionen ging es per Pedes 10 km durch den Canyon mit einem kleinen Aufstieg in weiterer Zick-Zack-Linien bis nach Sangalle, auch Oase genannt. Die Strecke hast Du Stück für Stück von Kurve zu Kurve überwunden.

Ein Pool mit Quellwasser und das hässlichste Huhn der Welt warteten auf Deine internationale Reisegruppe: drei Catalonierinnen (aus der Region um Barcelona in Spanien), einem Paar aus England, ein Thai, und einem Paar aus Finnland und Holland. Ihr habt aufeinander aufgepasst.

Trong aus Thailand hatte eine sehr spezielle Diät und aß eigentlich gar nichts bis auf diverse Pulver im Tee und rohe Kakaobohnen. Bei dem herausfordernden Wanderpensum ließ er sich schließlich auf eine Mahlzeit abends ein, aber bloß keine Kohlenhydrate. Mit Maya aus Israel hast Du Dir das Zimmer und die Schmerz-Salbe geteilt. Das hässlichste Huhn war ein Hahn, der mit einem Stinktier gekämpft hatte. Zwar hatte er überlebt, aber die schönen Federn mussten ab.

Am dritten Tag sollte es vor Sonnenaufgang aus dem Canyon hinausgehen. Du hattest schon seit Tagen Bauchprobleme, natürlich eher bedingt durch verdorbenes Essen oder verunreinigtes Wasser als durch Pisco-Konsum. Deinen Kohle-Vorrat hast Du dann im Canyon vollständig aufgebraucht.

Erstaunlich, dass keiner Deiner Mitreisenden von der großartigen Wirkung medizinischer Kohle wusste. Und erstaunlich, dass vollkommen schwarzes Wasser trotzdem absolut geschmacksneutral bleibt. Etwas dehydriert und mineralos ließen Kopfweh und Muskelschmerzen schon beim Abstieg am ersten Tag nicht lange auf sich warten. Elektrolyte und Koka-Blätter haben etwas geholfen. Trotzdem hast Du Dir für den Aufstieg am dritten Tag einen Muli gemietet.

Dafür musstest Du mal wieder an der Akzeptanz von Situationen arbeiten, denn natürlich hättest Du gerne die Herausforderung angenommen und Dir stiegen hinter der Sonnenbrille die Tränen in die Augen, als Du schaukelnd auf dem Muli sitzend an der Gruppe Wanderer vorbeizogst, die gerade voller Euphorie ihren Wandererfolg feierten. Trotzdem wusstest Du, dass weitere Überanstrengung nichts gebracht – im Gegenteil sogar geschadet – hätte. Lerne doch von Maya, die ebenfalls einen Muli gebucht hatte und sagte: „Ich weiß, dass ich mich auch hier hoch quälen könnte. Ich habe aber einfach keine Lust dazu."

Über alle Grübeleien hat die Aussicht hinweggeholfen. Unglaublich, welche Naturgewalten einen Canyon geschaffen haben, der sogar tiefer als der Grand Canyon ist. Der erste Riss in der Erdoberfläche für diesen vermutlich ältesten Canyon der Welt entstand durch das Zusammentreffen von Lava und Gletscher nach einem Vulkanausbruch. Noch immer zeugen Riefen in den Hängen von Lavaströmen. Nur einer von drei Vulkanen in der Umgebung von Canyon und Arequipa ist noch aktiv und man kann den Rauch in Form von Wolken über dem Krater sehen.

Ausgeruhte, erinnerst Du Dich, wie Du Dir in Arequipa Zeit genommen hast?

Deine Regeneration begann schon auf dem Rückweg nach Arequipa. Ihr habt in heißen Thermalquellen gebadet und die geschundenen Muskeln durchgewärmt. Zurück im Hostel hast

Du Dir eine Massage und drei Tage im selben Bett gegönnt. Das Hostel hatte eine umfassende DVD-Sammlung und ein gemütliches Wohnzimmer. Genau das richtige, um Dich zu erholen und mit Sophie, Robyn und Rosalie abzuhängen. Simon aus Bayern wohnte im selben Hostel und ging zur Schule um sein Spanisch aufzufrischen. Auch ihn solltest Du auf Deiner Reise öfter wiedertreffen.

Der Franzose Luca war inzwischen beim Ausgehen bestohlen worden. Ob es klug war, mitsamt Originalpass, allen Kreditkarten und Bargeld in Lokalwährung und Euro loszuziehen, sei dahingestellt. Er hat jedenfalls die Zeit genutzt.

Auf die Unterlagen für die Beantragung eines neuen Passes in der französischen Botschaft in Lima musste er lange warten und danach noch einmal weitere Wochen, bis sein USA-tauglicher neuer Pass abholbereit war. Ohne elektronisch lesbaren Pass kann man nicht in die die USA einreisen und auch nicht durchreisen. Sein sehr teurer und nicht umbuchbarer Rückflug nach Frankreich ging über Atlanta.

Während der Wartezeit hat er frühmorgens bei einer Bäckerei gearbeitet und Backwaren verkauft. Der gesamte Erlös ging an ein Kinderheim in dem er nachmittags weiter gearbeitet hat. Er meinte, wenn er eh schon in dieser Stadt festsitzt, kann er die Zeit auch sinnvoll verbringen. Nach ein paar Monaten zurück in Frankreich später ist er wieder nach Arequipa geflogen. Rückreisedatum unbekannt.

Freiwillige, erinnerst Du Dich an das Hilfsprojekt in Cusco?

Mit einer weiteren Nachtbusfahrt ging es nach Cusco. Die Zeit in Arequipa und Umgebung hat Dir bei der Akklimatisierung an die Höhe geholfen und Du warst nicht wirklich aus der Puste. Aber es war kalt. Dagegen halfen ein paar warme Kleidungsstücke aus Alpakawolle mit Lama-Muster und selbst im Hostel bekam man Daunendecken.

Nach vier Monaten war das Einzelzimmer mit eigenem Bad in einem Hotel purer Luxus, wenn auch nur für eine Nacht. Du solltest die Welt der Travellers mal wieder für ein paar Wochen verlassen, zu Einheimischen ziehen und als Freiwillige im Kinderhilfsprojekt Cusco Kids arbeiten.

Es handelt sich um eine Tagesstätte für Kinder ohne richtiges Zuhause. Teilweise betteln und stehlen sie oder prostituieren sich, um zu überleben. Auch behinderte Kinder und junge Erwachsene werden ganztags betreut. Das Projekt soll ihnen allen helfen, eine normalere, glücklichere Kindheit zu erleben. Du warst sehr gespannt, denn Du solltest erneut Deine Komfortzone verlassen. In Deiner kleinen, heilen Welt kam echte Armut noch nicht vor.

Das Projekt hat fünf Standorte in und um Cusco. Die Kinder sind irgendwann im Laufe des Tages in der Schule (die Schulgebäude sind zu klein, alle zur selben Zeit zu unterrichten). Davor oder danach kommen einige in das Haus im Stadtteil San Jeronimo gegenüber vom Frauengefängnis. Ihre Eltern sind arm, Alkoholiker, Drogenabhängige, schlagen ihre Kinder und noch Schlimmeres. In der Zeit zwischen 8:30 und 18 Uhr bietet das Haus einen sicheren Ort, Mittagessen und Hausaufgabenhilfe.

In Deiner ersten Woche war noch eine weitere Freiwillige da: Kim aus Kanada. Sie war älter als Du, wusste Bescheid, sprach super Spanisch und ihr habt bei Marina in der derselben Privatunterkunft gewohnt. Eure Aufgaben waren Hausverschönerung (Kim putzte freiwillig, Du hast die Wände bemalt), Kochen und Hausaufgabenhilfe.

Bereits in den ersten Tagen hat Dich etwas sehr nachdenklich gestimmt: Du solltest helfen, die Bilder an den Mauern um das Anwesen fertig zu stellen. Jedes hatte ein Thema mit einem entsprechenden Satz, z.B. „Jungen und Mädchen haben das Recht auf Bildung". Dazu waren Kinder abgebildet. Bei einem hast Du nur den Satz geschrieben, ein anderes Bild war noch nicht fertig, manche Linien fehlten. Die vorhandenen Kinder hatten eine mittelbraune Gesichtsfarbe. Dir wurde hellbeige und rosa Farbe gegeben mit dem Auftrag, die Gesichter fertig zu malen. Du hast die Farbe mit viel Wasser transparent gemacht und nur etwas mehr Struktur sowie Nasen hinzugefügt. Der Kunstbeauftrage des Hauses kam später hinzu und meinte, Du solltest mehr von der hellen Farbe und rosa einsetzen, die Direktion möchte das so. Du hast Dich gefragt, warum die Kinder auf Bildern in einer peruanischen Institution helle Haut und rosa Wangen haben sollen. Sie waren wunderschön mit ihrer mittelbraunen Haut. Welches Rollenbild sollte vermittelt werden?

„Tienes hambre?" – Hast Du Hunger? – habt Ihr die Kinder immer gefragt. Du warst hungrig, denn nach den vorherigen Wochen waren die Kohlenhydrat- und Proteinspeicher leer. Da traf es sich gut, dass Du in der Küche mithelfen und das Ergebnis in großen Portionen verdrücken durftest.

Gekocht hast Du viel und sehr viele Kartoffeln geschält. Typisch für Peru, denn in diesem Land wachsen insgesamt über 2.000 Kartoffelsorten, über fünfzig gibt es auf jedem ganz normalen Wochenmarkt zu kaufen. Die peruanische Alltagsküche ist nichts für Kohlenhydrat- und Fettphobiker. Für die Kids war das Mittagessen oft die einzige Mahlzeit am Tag. Und es gab auch meist noch ein Stück Obst zum Nachtisch oder einen frischen Salat vorweg.

An zwei Tagen ging es der Köchin Gabriela nicht besonders gut. Kim und Du habt die Küche übernommen und für über 30 Personen gekocht. An einem Tag gab es zum traditionellen peruanischen Essen einen deutschen Möhrensalat mit Apfel und Zitronensaft. Und sie haben immer alles aufgegessen.

Zum Abschied hast Du einen Quadratmeter großen Apfel-Streusel-Kuchen gebacken (klassischer Rührteig, Apfelspalten, Zimtstreusel). In Peru haben Haushalte in aller Regel keinen eigenen Backofen. Hausfrauen und Institutionen bringen ihr Backgut zum einzigen feuerbeheizten Großbackofen im Wohnblock. Irgendwie hat schon der Teig sehr anders als geschmeckt als zu Hause. Aber erst das Backen im selben Ofen mit einem Meerschweinchen-Braten – Du hast es genau gesehen – hat den ganz besonderen Schinkengeschmack gebracht.

Zwischenzeitlich hattest Du Dein Wissen zu Algebra, Bruchrechung, metrischen Einheiten und anderen Grundlagen der Mathematik wieder ausgegraben und mit Spanisch vermischt. Der achtjährige Michael freute sich, wenn Ihr durch gemeinsame Berechnungen auf das Multiple Choice Ergebnis gekommen seid. Eines Tages hattest Du mit ihm einen kleinen Durchbruch mit einer Multiplikationsmatrix, zuvor hatte er jedes Mal aufs Neue addiert statt mal genommen. Er brachte am nächsten Tag seinen kleinen Bruder mit, damit Du das auch ihm beibringst. Das Leuchten in den Augen der Jungs hat sich gut angefühlt.

Und Du hast viel gemalt und gezeichnet: der sechsjährige Sohn der Köchin, Christian, hielt Dir eines Nachmittags ein zerknittertes Papier hin, mit der Bitte, einen Pinguin zu zeichnen. Dann einen Affen, dann einen LKW. Malbuch hausgemacht. Du fühltest Dich an den kleinen Prinzen erinnert: „Zeichne mir ein Schaf.“

Neben den hellen Gesichtern, die der Kunstlehrer schließlich selbst gemalt hat, kamen weitere Dinge, die Dich am System zweifeln ließen. Zum Beispiel gehörte zu Deinen offiziellen Aufgaben das Vorzeichnen und Malen von Vögeln auf Leder und anschließendes Prägen. Dir macht das kreative Arbeiten grundsätzlich viel Spaß. Mit den Kindern zusammen hast Du nicht mit Leder gebastelt. Leider. Sie malen manchmal vorgezeichnete Stücke aus. Diese werden dann vom Lehrer in verkaufsfähige Stücke weiterbearbeitet. Die Stücke, die Freiwillige und Lehrer basteln, werden an Minibus-Touristen verkauft, die mal kurz echtes Peru anschauen wollen. Original peruanische Souvenirs gebastelt von internationalen Freiwilligen.

Auch der Machisme der männlichen Lehrer ging weit über Dein Verständnis hinaus: Wenn Du den Workshopleiter für Modeschmuck fragtest, was er mit den Kindern macht und er sagt, Du könntest ja mal eine Runde tanzen, war das inakzeptabel!

Entschuldigung? Fehlanzeige.

Selbst im Projekthaus muss man auf seine Taschen achten; die „Piranhas" nehmen gern mal das Bargeld oder eine Kamera an sich. Die Kinder waren meist lieb, lachten und wollten gedrückt werden, aber sie waren auch extrem wild. Da warst Du leider sprachlos – auf Spanisch schimpfen konntest Du nicht. Nachmittags gab es nur einen weiteren Lehrer, der mit Dir die Kinder bändigen sollte. Im Obergeschoss saßen drei Verwaltungsmitarbeiterinnen vor ihren Rechnern.

Nach Kims Abreise warst Du die einzige Freiwillige. Danach sollten drei gleichzeitig kommen. Daran zeigte sich auch die Struktur: es ist ein Reisebaustein aus einem Katalog. Die Freiwilligen kommen, wenn sie Urlaub haben, nicht gleichmäßig verteilt, wie sie gebraucht werden.

Auch Du hast die zwei Wochen bei Cusco Kids aus einem Katalog gebucht. Das kostete ungefähr 600 Euro, davon gingen knapp 200 an die Privatunterkunft, der Rest in die Verwaltung und das Projekt vor Ort. Inklusive war nur das Frühstück. Das Essen in der Tagesstätte, das Du gekocht hast, hast Du extra bezahlt.

Es ist ein Spendensystem, das Freiwillige aus Industrieländern mal kurz in eine andere Welt schnuppern lässt. Für Dich persönlich war es oft frustrierend – auch wegen der Sprachbarriere – und bei zweiwöchigem Wechsel der Bezugspersonen war es in Deinen Augen für die Kinder auch nicht nachhaltig. So bleiben die Lichtblicke leider nur Blitzlichter.

Andererseits haben 30 Kinder hier einen sicheren Ort, Hausaufgabenhilfe und ein warmes Mittagessen. Bleibt die Finanzierung zu klären. Du möchtest in Zukunft lieber langfristig zu Hause helfen und den Reisepreis spenden.

Trotz allem war es für Dich eine interessante und beeindruckende Erfahrung. Ihr habt viel gemeinsam gelacht und Du hast festgestellt, wie sehr Du doch Tochter Deiner (Lehrer-) Eltern bist. Dir macht Lernen und Basteln mit Kindern wirklich

Spaß. Bei Marina zu Hause hattest Du ein schönes Einzelzimmer, vier kuschelige Decken, eine warme Dusche, leckeres Frühstück und immer ein offenes Ohr für Deine Überlegungen auf Rückwärts-Spanisch.

Extranjera, erinnerst Du Dich an peruanische Besonderheiten bei Transport und Essen?

Ihr seid jeden Morgen mit dem öffentlichen Bus für eine halbe Stunde ins echte Cusco, weit weg von den Touri-Ecken, gefahren. Nach 22 Fahrten in zwei Wochen schockte Dich das Busfahren in Peru nicht mehr. Hauptsache man weiß die Richtung, die Busfarbe und die Endhaltestelle, denn Busfahrpläne hängen nicht an den Haltestellen aus.

Wenn der gewünschte Bus angerauscht kommt, winkt man kurz von oben nach unten und hüpft hinein. Ob vorn oder hinten ist erstmal egal. Im Bus gibt es einen Haltestellenausrufer, der auch für die Menschenverteilung innerhalb des Gefährts zuständig ist. Alte, Behinderte, Schwangere und Frauen mit Kindern bekommen immer einen Platz. Dafür wird gesorgt. Der Rest muss halt stehen. Wenn der Bus voll ist, fällt man wenigstens nicht so leicht.

Der Abstand zwischen den Sitzreihen ist für europäische Beine nicht gedacht. Du bist in Deutschland durchschnittlich groß. In Peru hast Du Dich wirklich lang gefühlt, Deine kurzen Beinchen passten nicht bequem hinter den Vordersitz. Jede Haltestelle wird mit lauten „Bacha Bacha"-Rufen angekündigt. Wenn man raus möchte, anwortet man mit „Bacho", zahlt seine 70 Centimos an den Ausrufer und hüpft schnellstmöglich raus.

Im Bus läuft durchgängig Musik, manchmal halten mittellose Menschen Vorträge über ihre Situation. Hin und wieder versuchte ein Ausrufer 30% Aufschlag zu nehmen, indem kein Wechselgeld gezahlt wurde. Quasi ein Plus für Touris. „Faltan trenta" – fehlen dreißig – und zupfen am Jackenärmel haben geholfen.

Dass das Essen sehr kohlehydratreich ist, war die Erkenntnis beim Kochen für die Kinder. Ein peruanisches Sonntagsgericht habt Ihr nicht gekocht: Meerschweinchen. Du hast Dir eins mit Kim im Restaurant geteilt. Und es hat nicht geschmeckt. Das mag an der Zubereitung gelegen haben, aber viel wahrscheinlicher ist die Sozialisation mit Futzel und Bommel als Haustiere Deiner Kindheit die Ursache.

Bei den Facebook-Kommentaren zu Deinem Post zu dem Thema schieden sich die Geister. Und das ist auch gut so. Du hältst es mit dem Ausspruch: Fremde Länder, fremde Sitten. Du bist gereist, um zu verstehen, zu lernen und auszuprobieren. Das Schweinchen gehörte für Dich in Peru dazu. Das eine hat völlig gereicht, alle weiteren sind vor Dir sicher.

Historikerin, erinnerst Du Dich an Deine archäologischen Ausflüge rund um Cusco?

Weltkulturerbe auf 3.416 m Höhe, Hauptstadt des Peruanischen Andenhochlandes, große Inkageschichte und wirklich eine schöne Stadt, das ist Cusco.

Cusco war die Hauptstadt des Inka-Andenreichs. In der Stadt und unmittelbar drum herum gibt es Spuren aus der Zeit vor den Inka, während ihrer Hochzeit und Spuren der Conquestadores. Sie selbst wurde in Form eines Pumas angelegt. Neben der Großkatze sind Schlange und Condor zentrale Elemente der Inkakultur.

Ein Wochenende ging es zu Fuß und zu Pferde durch Ruinen: Típón, Pikillacta, Templo de Luna, Tambomachay, Pucapukara, Qénqo und Saqsayhuamán.

Típón heißt auf Quechua (der ursprünglichen und immer noch lokal verwendeten Sprache) eigentlich ganz anders aber so ähnlich. Die Aussprache mit einem Schnalzlaut zu Beginn war für die Spanier zu schwierig. Das Areal ist ein in Terrassen angelegter

Garten (gewesen). Das Wassersystem funktioniert noch, die ursprüngliche Bepflanzung von 3.000 Arten Kartoffeln, 200 Arten Mais, vier Arten Getreide wie Quinoa, Blumen, medizinischen Kräutern und Orchideen ist leider verschwunden. Die großen Terrassen waren Ernteflächen zur Versorgung der (reichen) Bevölkerung. Jede kleine Ebene an den Seiten hat ein eigenes Mikroklima, eine andere Mineralienzusammensetzung, anderen Bewässerungsstatus. Das waren quasi Inka-Freiluftlabore zum experimentieren. Das gute Klima und das beruhigende Geräusch fließenden Quellwassers wurde kneippmäßig zur Erholung genutzt.

Schon vor den Inka gab es die Stadt Pikillacta. Um ca. 800 n. C. lebten rund 2.000 Menschen in der Stadt nahe einer Lagune. Ihre Straßen und Gebäude sind gut zu erkennen. Die Steine sind nicht so exakt behauen wie die der Inka. Aber muckelig warm war es in ihren Häusern bestimmt mit den Bogenöfen.

Templo de Luna, Tambomachay, Pucapukara, Qènqo und Saqsayhuamán sind im Stadtgebiet von Cusco und allesamt Inka-Ruinen. Allein und ohne Führung unterwegs hast Du nur eine Story aufgeschnappt: Saqsayhuamán klingt zwar laut ausgesprochen wie „sexy Woman". Es heißt aber soviel wie „zufriedener Kondor" auf Quechua. Kondore jagen nicht, sie sind ausschließlich Aasfresser. Auf einem Schlachtfeld ist so ein Vogel dann ziemlich satt und zufrieden.

In Tipón und Pikillacta gab es eine geführte Tour. Deine Gastgeberin Marina hat für Dich bei Freunden gebucht und so landetest Du in einer spanischen Tour mit einigen Peruanern und einer Gruppe Brasilianern. Soweit so gut.

Und spannend: Drei der Peruaner arbeiteten für die Hilfsorganisation Maria Auxiliadora. Sie waren in Städten und Dörfern für gesunde Augen und Zähne unterwegs und behandelten je Einsatz mehrere hundert Menschen. Der Ursprung geht auf den Lions Club zurück. Wie der Zufall es wollte, hast Du Dich lange mit der Präsidentin unterhalten und

Ihr habt Kontaktdaten ausgetauscht. Damit konntest Du den Kontakt zu dem Kinder-Projekt herstellen.

Den Ausflug zu Pferde am Sonntag hast Du Dir selbst organisiert. Per öffentlichem Bus für 70 Centimos auf den Berg. Gesund aussehendes Pferd für 40 Soles gemietet und mit Pferdeführer durch die Landschaft. Hat Dir Spaß gemacht. Zu Tambomachay und Pucapura durftest Du nicht reiten: Pferde sind in den Ruinen nicht erlaubt. Also ging es nochmal kurz per Bus weiter. Die runden Augen der deutschen Touristen haben Dich gefreut, als Du ihren Guide gefragt hast, wo die Bushaltestelle für den Rückweg zu Deinem Pferd ist. Vom Christo Blanco (einem acht Meter hohen, marmorweißen Geschenk von Flüchtlingen aus Palästina 1945) ging es dann wieder per öffentlichen Bus ins Tal.

Lahmende, erinnerst Du Dich an Deinen Weg nach Machu Picchu auf dem Inkatrail?

Die vier Tage waren voller Aktivitäten, Adrenalin, Erschöpfung und Spaß. Euer internationales Team kam aus England, Kanada, USA, Irland, der Schweiz und Deutschland.

Am ersten Tag seid Ihr von Cusco mit einem Van auf 4.300 m Höhe gefahren und von da aus 2,5 Stunden runtergerollt. Mit Fahrrädern. Auf einer geteerten Straße, durch Serpentinen und Flüsschen. Mit Eurer Ausrüstung habt Ihr wie Teenage Mutant Inka Turtles ausgesehen. Euer Guide Lio hat Inka Toilets verstanden – der running Gag der folgenden Tage. Nachmittags ging es mit Schwimmweste und Helm ausgestattet zum Rafting mit Schlauchbooten in Stromschnellen der Klassen 3 und 4.

Am nächsten Tag stand eine Wanderung von Santa Maria nach Santa Teresa an. Bergauf, bergab ging es für 30 km in 10 Stunden und teilweise auf dem Inkatrail, dem alten Handelsweg nach Machu Picchu.

Es war heiß, anstrengend und weit. Wieder hast Du Dich an

Beppo Straßenfegers Weisheit erinnert und bist von Kurve zu Kurve gegangen.

Ihr wurdet mehrmals von israelischen Gruppen überholt. Deren Mitglieder waren körperlich sehr trainiert und meist im Alter von Anfang zwanzig. Fast alle hatten gerade ihren mehrjährigen Militärdienst abgeschlossen, waren für einige Monate mit verhältnismäßig hohem Budget in Südamerika unterwegs und für ihr Feierverhalten berühmt berüchtigt. Eine Gruppe hatte ihr Maskottchen dabei: Sie trugen ein lebendiges Meerschweinchen in einer Art Handtasche nach Machu Picchu.

Lio hat Euch nebenbei die lokale Pflanzenwelt von Koka über Kaffee und Kakao zu Hochlandkartoffeln erklärt. Frische Kokablätter können abführend wirken. Getrocknete dagegen sind ein Allheilmittel bei Höhenkrankheit, Kopf-, Zahn- und Bauchweh. Du hast in den Wochen in Peru und Bolivien Unmengen davon als Tee konsumiert oder gekaut bis die Wange taub war. Frische Kakaofrüchte schmecken süß und ein wenig nach einer Mischung aus Banane und Birne. Man kann allerdings nur das Fruchtfleisch ablutschen und muss die Kerne dann ausspucken. Hochlandkartoffeln sehen nicht wirklich nach Kartoffel aus, eher wie Morcheln oder Steine.

Ihr seid jeweils zu zweit in einem Körbchen an einem Seil über den Fluss zu den heißen Quellen von Santa Teresa übergesetzt. Danach ging es zufrieden, gut platt und mit Blasen an allen Zehen in die Heia.

Der dritte Tag begann adrenalinreich an einem dünnen Stahlseil zwischen zwei Bergen. Insgesamt 2 km in fünf Abschnitten sauste einer nach dem anderen in Klettergurten gesichert an Rollen über das Tal. Nach dem Mittagessen ging es zur nächsten Wanderung für 15 km und 3,5 Stunden nach Aguas Calientes, dem letzten Stopp vor Machu Picchu. Du hast auch diese Wanderung geschafft. Stück für Stück. Und Ihr hattet großes Glück mit dem Wetter in der beginnenden Regenzeit: erst in den letzten 15 Minuten hat es Euch erwischt. Dafür ordentlich.

Am letzten Tag seid Ihr am Weltkulturerbe Machu Picchu angekommen. Das Tor öffnete um 6 Uhr morgens und Ihr gehörtet zu den ersten Besuchern an diesem Tag. Machu Picchu bedeutet „Alte Spitze". Allerdings ist auch dieser Name von den Spaniern geändert worden und stimmt sehr wahrscheinlich nur halb – wenn überhaupt. Die Conquestadores haben nach ihrer Ankunft 1521 in Peru viele alte Inka Stätten zerstört und Gold und Steine für den Bau von Kirchen und Kathedralen genutzt. Bis Machu Picchu sind sie nicht gekommen. Die Inkas haben ihr Verwaltungs- und religiöses Zentrum selbst aufgegeben. Vom Dschungel überwachsen wurde die Stadt erst 1902 wieder entdeckt. Mehr oder weniger zufällig. Seit den 1950ern ist es touristisch erschlossen. Spätestens ab 9 Uhr morgens merkt man das dann auch richtig.

Du hast den Nachmittagszug aus Aguas Calientes nach Cusco genommen und die letzte Nacht völlig erschöpft wieder im Hostel verbracht. Es waren fast schon zu viele Eindrücke in den kurzen vier Tagen. Du brauchtest Zeit, das zu verarbeiten. Die hättest Du Dir gönnen oder gar nicht erst so schnell machen sollen.

Atemlose, erinnerst Du Dich an den Titikaka-See hoch in den Anden?

Du bist gleich am nächsten Tag von Machu Picchu mit dem sogenannten Andean Explorer Bus von Cusco nach Puno gefahren. Tagsüber. Auf knapp 4.000 m Höhe. Die Landschaft war beeindruckend karg.

Es war nicht schön, eine Touristen-Hundemarke zu tragen und wie ein Schaf alle zwei Stunden zu einer Sehenswürdigkeit mit Markt gebracht zu werden. Zumal Du jedesmal geweckt werden musstest, da Dir die letzten Tage gehörig in den Knochen steckten. Der Vorteil lag in einem wirklich guten Mittagessen und den lieben Streichelzoo-Alpakas. Dein Kuschelobjekt fand

Deinen Pullover zum Anbeißen, so kam es nah genug für ein Alpaka-Selfie.

Am nächsten Tag bist Du auf dem Titikaka-See geschippert. Der See auf 3.810 m Höhe ist acht Mal so groß wie Hong Kong, das hat Dir ein Mitreisender aus China erzählt – oder so groß wie Korsika, das hast Du bei Wikipedia gelesen.

Zumindest zwei Inseln hast Du besucht. Eine davon schwamm. Sie bestand aus Torf und Schilf. Die Bewohner legen alle 14 Tage eine neue Schilfschicht dazu, nach 30 Jahren ist die Insel nicht mehr bewohnbar. Die schwimmenden Inseln im Titikaka See gab es schon zu Pre-Inka-Zeiten. Die Gesellschaft dort ist eingeschworen und selbst verwaltet.

Auf den Inseln ist es einfach zu erkennen, wer noch zu haben ist. Single-Männer tragen rot-weiße Mützen mit großen bunten Bommeln, verheiratete haben ausschließlich rote Mützen. Stricken müssen die Männer die Mützen selbst. Eine eng gestrickte Mütze (die Wasser hält) gilt als Heiratsqualifikation. Die Single-Frauen haben große bunte Bommeln an den Zöpfen. Sie heiraten Anfang Zwanzig. Die Bommeln für Dich wären wahrscheinlich mindestens so groß wie Dein Kopf.

Der Umgang mit Wissen über andere Gesellschaften hat Euch zu einer Überlegung gebracht: Warum wissen wir in Europa so viel über die Inka und kaum etwas über die Gesellschaften davor? Die Pre-Inka haben vermutlich eine Schrift gehabt und waren im Vergleich friedlich. Die Inka haben sich mit Knoten in Schnüren informiert und waren kriegerisch. Die Pre-Inka werden im Gegensatz zu den Inka erst jetzt umfassender erforscht. Die Inka sind so bekannt, weil sie so gut wie alle anderen Nationen erobert und quasi zerstört hatten. Sie waren die letzte Gesellschaft vor der Ankunft der Spanier. Und die Spanier hatten eine Schrift und Dokumentation: Eine Inka-Prinzessin hatte einen Sohn mit einem spanischen Kapitän. Dieses Kind – Inka Garcilaso de la Vega – hat die Sagen der Inka gehört und auf Spanisch aufgeschrieben. Er ist als junger Mann nach Europa gereist und hat über sein Volk berichtet.

Verwunschene, erinnerst Du Dich an die Woche in Bolivien?

Bolivien war wunderschön und sehr widersprüchlich. Eines Tages bist Du über die Grenze bei Copacabana spaziert und nach La Paz weitergefahren. Am folgenden Tag gab es eine individuelle Stadtführung und danach ging es mit dem Nachtbus nach Uyuni. Dann hast Du drei Tage in der Wüste verbracht und bist nach Chile eingereist.

Bolivien ist wesentlich günstiger als Peru oder gar Chile. Das fiel in den Touristen-Ecken gar nicht so sehr auf. Diese hast Du aber mit Deinem persönlichen Stadtführer Jazey verlassen. Ihr seid mit der neuen Seilbahn in La Paz nach Alto gefahren und wart dort auf einem sehr traditionellen Hexenmarkt. Fotografieren war nicht erlaubt – die Leute fürchten, dass ihre Seele ins Abbild wandert.

Am Wochenende ist man dort katholisch, von Montag bis Freitag regiert der Schamanismus: Kräuter in eine Schale, Süßigkeiten drauf, einen getrockneten Lamafötus (wahlweise für dunklen Voodoo auch gerne Esel oder Schwein), das Ganze mit bunten Bändern dekorieren (grün für Gesundheit, gelb für Geld, rot für die Liebe) und von einem Schamanen für 300 Bolivianos unter Gesang und Gebet verbrennen lassen (ungefähr 30 Euro). Genau das passiert da. Ob Dir die Zukunft gefällt, die Dir die Schamanin aus Kokablättern gelesen hat, weißt Du immer noch nicht. Einen Fötus hast Du jedenfalls nicht verbrennen lassen.

Du hast mit Jazey und anderen Reiseführern viel über die politische Situation gesprochen: Einerseits passierte viel, indem erst 2014 in La Paz drei neue Seilbahnen gebaut wurden, um den Stadtverkehr zwischen 3.300 und 4.000 m Höhe zu entlasten. Es wurden Straßen gebaut. Strom, Wasser und Internet verfügbar gemacht. Der Export von Quinoa (glutenfrei, proteinreich) soll das Land reich machen, in der Salzwüste stellt eine deutschbolivianische Kooperation Lithium her. Andererseits hieß es, dass der Präsident die Verfassung geändert hat, um wiedergewählt werden zu können. Auch sollen bereits Verstorbene auf den Wahllisten gestanden und ihre Stimme abgegeben haben. Und die Haltung gegenüber den USA zeigt die Che Guevara Statue in La Paz, die einen Adler zertritt. Die Bahnschienen durch die Wüste in Bolivien gehören nach einem obskuren Verkaufsdeal Chile. Und jeder Guide erzählte seine eigene Wahrheit, gefärbt von der politischen Einstellung, und dem Wunsch, das eigene Land gut oder wahr darzustellen.

Die Landschaft in der Salzwüste ist wunderschön, aber auch voll mit Touristen-Jeeps. In einem waren mit Dir zwei Mädels aus Neuseeland, einer Engländerin und einer Israelin. Nicky und Bridget aus Neuseeland hast Du während Deiner Reise wieder getroffen, bei den Kiwis und in Sydney. Du wirst lernen: Die Welt ist ein Dorf.

Die Salzwüste war einmal ein See mit Inseln. Geblieben sind Hügel im Salz sowie Lagunen voller Flamingos. Ihr seid von Uyuni zu einem Eisenbahnfriedhof gefahren, zur Insel Inkahuasa und habt lustige Perspektiven-Fotos gemacht. Dabei half die unendliche, flache Weite der Wüste. Alles im Vordergrund wird groß, alles was weiter weg von der Kamera steht wirkt klein, weil es keine Vergleichswerte für die Relation gibt. Auf einem Bild war Dein Rucksack größer als Du, so wie er sich manchmal auch angefühlt hat.

Nachts habt Ihr unterm Sternenhimmel in heißen Quellen gebadet. Tags seid Ihr zu Geysiren auf 5000 Metern Höhe gefahren, habt Flamingos in farbigen Salzlagunen gesehen und seid in Chile wieder herausgekommen.

Die Nächte waren in primitiven Hostels gebucht. Du hast Schnupfen, Bauchweh und eine zehn Zentimeter große, sehr bunte, teils offene Schramme an der Hüfte sowie ein blaues Schienbein aus der Wüste mitgebracht. Die Schramme wurde zu einer unübersehbaren, noch 5 cm langen Narbe auf Deinem rechten Hüftknochen. Später hast Du immer zwei verschiedene Geschichten zur Wahl gestellt, wie es zu der Narbe kam:

„Es gibt vier Sorten Andenkamele: Lama, Guanako, Alpaka und Vicuña. Letztere sind wild und sehr selten. Eines Nachts auf einer Finka in Bolivien auf 3.000 m Höhe habe ich draußen ein komisches Geräusch gehört. Ich bin allein raus und habe gesehen, wie ein Berglöwe ein Vicuña-Baby fressen wollte. Das Baby lebte noch und schrie und ich habe es dem Raubtier entrissen. Dabei wurde ich an der Hüfte gekratzt (zum Glück bin ich gegen Tetanus und Tollwut geimpft). Draußen war es sehr kalt, als ich Bambies Mutter gesucht habe, daher der Schnupfen."

Ist das die Wahrheit oder diese Geschichte: „Es gab in der Finca nur eine einzige Dusche für 35 Leute. Ich wollte die Erste sein und bin so schnell ich konnte losgesprintet. Bei Vollgas und kurz vor Erreichen der Dusche habe ich den Bodenkontakt verloren, bin drei Meter geflogen und auf dem Betonboden aufgeschlagen. In diesem Fall bin ich froh, dass ich mir nix gebrochen habe und nicht mit dem Kopf in die Wand eingeschlagen bin. Schnupfen und Durchfall sind dann schlichtweg dem Reisen in Lateinamerika geschuldet."

Freundin, erinnerst Du Dich an Deinen Road Trip in Chile mit Carmen?

Auch in Chile kam eine Freundin von zu Hause zu Besuch. Du warst von Calama nach Santiago geflogen und dort habt Ihr Euch in einem Hostel getroffen. Beim Check-in stand Carmen auf einmal neben Dir und Ihr seid Euch in die Arme gefallen. Das letzte Mal hattest Du sie am Flughafen in Frankfurt gedrückt.

Sie hat Dich gesehen und beschlossen, dass erstens das Magen-Darm-Problem nur mit drei Tagen strenger Banane-Brot-Diät zu heilen sei und Du zweitens insgesamt viel zu sehr abgenommen hattest und es deshalb danach viel Steak und Rotwein geben sollte. Auch dafür sind Freunde da.

In Santiago habt Ihr eine Fahrradstadtrundfahrt mitgemacht und insbesondere einen typischen südamerikanischen Markt besucht. Die Farben und Produkte waren schlichtweg beeindruckend.

Dann wart Ihr mit einem Mietwagen unterwegs – diesmal einem Chrysler Sail – und habt die Großstadt direkt gegen eine Ecolodge im chilenischen Hinterland getauscht. Es zirpten die Zikaden, Hunde bellten, die Hausgans quakte und morgens weckte Euch Vogelgezwitscher. Ihr habt einen Ausflug zu einem nahegelegenen Nationalpark im Waldgebiet mit urindianischen Spuren gemacht und dann eine gute Stunde am Lago Colbun geschlummert. Einfach so. Kein Programm, nur entspannen.

Der Eindruck von Chile war ganz anders als zum Beispiel von Peru oder Bolivien. Der Standard in Santiago und der Zustand der Straßen war Europäisch – die Preise allerdings auch. Die Menschen waren ebenfalls sehr freundlich, die Männer artikulierten deutlicher als in Peru, wo nur scheel geschaut wurde, dass ihnen blonde Frauen gefallen. Das Spanisch war unglaublich schnell und die meisten Worte abgekürzt. Und es war endlich wieder Sommer.

Der Chilenische Rotwein schmeckte großartig (Deine Banane-Brot-Diät wurde bald erweitert). Ihr habt Carménère für Euch entdeckt und in verschiedenen Weingütern im Norden Santiagos in der Region Palmilla probiert. Durch ein Weingut konnte man sogar reiten. Es gab eine Menge tierisch gute Freunde unter den Nachbarn. Und Ihr habt viel Zeit am Pool entspannt, gequatscht und einfach die gemeinsame Zeit genossen.

Auf dem Weg nach Valparaiso hast Du den ersten Weihnachtsmann des Jahres gesehen – inklusive fliegenden Rentieren. Vor einer Einkaufsmeile waren ebenfalls eine Krippe und riesige Engel aufgebaut. Es war November und die Menschen bereiteten sich langsam auf die Weihnachtszeit vor. Die Feiertage sollten in Neuseeland eine echte Herausforderung für Dich werden.

In Valparaiso passierte es: Du wurdest bestohlen, zum ersten und einzigen Mal. Des Nachts wurde Euer Mietwagen aufgebrochen und Deine großartige North Face Jacke aus dem Kofferraum geraubt. Einerseits warst Du selbst schuld. Warum lässt Du die Jacke im Auto und warum nimmst Du so ein teures Stück mit auf Reisen. Andererseits hat sie Dich in den Anden gut gewärmt und Stehlen ist gemein. Sowas macht man doch einfach nicht. Hoffentlich wurde ein armes chilenisches Mädchen im nächsten Winter mit der Jacke glücklich. Das Kleingeld für die Mautstellen haben sie im Aschenbecher gelassen. Muss niemand verstehen.

Die Stadt an sich ist beeindruckend. Insbesondere die Welt auf den einzelnen Cerros (=Hügeln) ist sehr interessant, auf manchen sollte man sich als Fremder besser nicht blicken lassen. Dabei ist man nicht nur als Ausländer fremd, sondern auch als Bewohner eines anderen Hügels. Und obwohl Street Art verboten ist, finden sich überall faszinierende Gemälde an Wänden, auf Dächern und am Boden.

Auch an den Strand nach Viña del Mar seid Ihr gefahren – mit dem Public Bus ein lustiges, knapp einstündiges Unterfangen mit Untermalung von einem Best of Guns'n'Roses. Fast hast Du die „Bacha Bacha"-Rufe aus Peru vermisst.

Die letzten Tage zurück in Santiago waren weiterhin sehr entspannt. Es ging mit der Funicula – einem Waggon der an einem (einzigen) Stahlseil den Berg hochgezogen wird, und das schon sicher seit hundert Jahren – zur Jungfrau Maria hinauf. Ein großartiger Blick über eine 6 Millionen Stadt. Beim Shopping musste die verlorene Jacke ersetzt werden. Das größte Einkaufszentrum Südamerikas – eigene Aussage – bot Shops auf fünf Stockwerken. Genauso groß war der Weihnachtsbaum im Zentrum. Ja, auch hier weihnachtete es sehr.

Eines Morgens musstet Ihr Euch verabschieden. Carmen fuhr zum Flughafen und Du warst wieder allein. Zum Trost hast Du gemacht, was Frauen in solchen Fällen tun und bist zum Frisör gegangen. Und Du hast Kuchen gegessen. Dein absoluter Favorit in Südamerika wurde Pie de Limon. Ein dünner Mürbeteigboden, darauf eine Zitronencreme und eine Schicht Baiser obenauf.

Der nächste Flug ging 4.000 km weiter in den Pazifik und Du bliebst trotzdem in Chile, als Du die Osterinsel betreten hast.

Moai-Bewundernde, erinnerst Du Dich an die Osterinsel?

Rapa heißt Land. Nui heißt groß. Im Vergleich zur Ursprungsinsel der Polynesischen Ureinwohner ist Rapa Nui also groß. Die dreieckige Fläche hat Seitenlängen von 24, 16 und 12 km. Da ist es schon fast logisch, dass in früheren Zeiten Moai-Meißeln und später Tangata-manu-(Birdman-)Wettbewerbe sowie der Make-Make Kult zu den Hauptbeschäftigungen gehörten. Heute leben auf der Osterinsel bis zu 6.000 Menschen dauerhaft. Das Geschäft dreht sich heute um den Tourismus. Trotzdem fühlte sich die Isla de Pascua für Dich nicht überlaufen an und die Atmosphäre war tatsächlich besonders.

Moai sind die bekannten Figuren mit riesigen Köpfen aus Vulkangestein. Einige stehen (wieder), viele liegen noch, nachdem sie bei Kämpfen zwischen den Stämmen umgeschubst wurden. Ob das einfach ist, durftest Du nicht probieren: „Das Berühren der Figüren mit den Pfoten ist verboten."

Fast 1.000 Moais gibt es auf der Osterinsel. Dazu zählen die stehenden (=wieder aufgerichteten) Statuen genauso wie halb fertige und verwitterte. Jeder Stamm hatte einige der Köpfe in seinem Dorf stehen. Wahrscheinlich handelt es sich um die Stammesfürsten, die so nach ihrem Dahinscheiden geehrt wurden. Also solltest Du Dir diesmal keine Alien-Geschichte wie in Nasca denken.

Die Häuser sahen aus wie umgedrehte Boote und waren mit Gras gedeckt, die Sklaven aus anderen Stämmen wurden in Höhlen gehalten, ein magnetischer, sehr großer Stein diente als Orakel, Hühner waren Hauptnahrungsquelle, Petroglyphen (in den Stein gehauene Symbole) gab es überall. Sie zeigten Birdmans, Thunfische, Schildkröten – alles wurde in Stein oder auf Holzplatten festgehalten. Die Holzplattenschrift versteht allerdings keiner mehr, weil eines Tages alle Alphabeten entführt worden waren.

Der Stamm der Herrscher lebte am Strand Anakena Beach. Es gibt viele interessante archäologische Stätten und ein Museum zu besuchen. Im Museum gibt es auch Waffen aus Obsidian – das Drachenglas aus Games of Thrones lässt grüßen. Und nein, man darf die Moais wirklich nicht umschubsen.

Das größte Geheimnis rankt sich um den Transport der Statuen von der Produktionsstätte am Vulkan Maunga Roa zu ihren Bestimmungsorten. Von „Rollen über Palmen" bis zu „Statue läuft durch rhythmisches Ziehen an Seilen von beiden Seiten" gibt es verschiedene Theorien. Meißeln und Transport waren offenbar ein ganz großes Geschäft bis zu einer Wirtschaftskrise oder dem Ausbruch exzessiver Stammesfehden, die die Nachfrage unterbrochen haben und heute für eine richtig spannende Besichtigungsmöglichkeit sorgen. Die Arbeiter haben quasi Hammer und Meißel spontan fallen lassen und sind zu neuen Aufgaben aufgebrochen – vielleicht um Birdman zu werden.

An einem Tag bist Du zu einem der drei Hauptvulkane der Insel gewandert. Im Süden der Insel ging es für gut 4 km bergauf zum Krater von Ranu Kau. Innerhalb des Kraters ist ein mikroklimatisches Becken mit Wasser und kleinen Inseln mit einheimischen Pflanzen. Dass etwas einheimisch ist, ist eine Besonderheit, denn im Laufe der Geschichte wurde quasi alles vernichtet. Die Palmen wurden abgeholzt und zum Transport von Moais benutzt und verbrannt, die Vögel und deren Eier gegessen.

Auf der schmalen Kante zwischen Krater und Kliff liegt die Siedlung Orongo aus dem 16ten Jahrhundert. Die Ein-Raum-Häuser sind halb unter der Erde, dunkel und aus Steinplatten gestapelt. Ein klarer Fall von 1a-Lage aber bescheidener Ausstattung. Hier fand auch der Birdman-Wettbewerb statt: Jeder der zehn Stämme auf der Insel wählte seinen stärksten Mann. Diese Männer schwammen zur Brutzeit der Seevögel zu einer kleinen vorgelagerten Insel. Der erste, der mit einem Ei zurückkehrte wurde Birdman und bekam Ruhm, Ehre und hin und wieder sogar eine Frau. Sein Stammeshäuptling wurde Chef der ganzen Insel. So die Legende.

Der Moai, der in der Siedlung Orongo stand und mit besonderen Petroglyphen verziert ist, wurde 1868 nach England gebracht, um Queen Victoria vorgeführt zu werden. Der überlieferte Kommentar des Captains dazu: „Die einzige und wichtigste religiöse Statue des Orts." Und die schleppt man dann über den Ozean weg? Dieser Moais ist immernoch im Britischen Museum zu bewundern.

Runter bist Du gerannt. Über Stock und Stein. Das nicht nur, weil es geregnet hat, sondern mit viel Spaß. Geregnet hat es den ganzen Tag. Es war keine Regenzeit, aber bei einer Insel mitten im Pazifik weiß man nie. Dir tat durchatmen, die Zeit etwas anhalten und ausruhen ganz gut.

Abends hast Du die Pensions-Freiluftküche geentert. Da jedes Lebensmittel vom chilenischen Festland über 4.000 km eingeflogen wird, ist Essen sehr teuer. Backpacker sind gut beraten, sich dann wenigstens die Servicekosten in Restaurants zu sparen, da kommt nämlich ein einfaches Fleisch oder Fischgericht ab 30 US Dollar, eine Pizza ab schlanken 20 US Dollar. Selbst der lokale Gemüseanbau wird erst wieder aufgebaut in einem relativ kleinen Areal und unter Aufsicht von auf dem Festland geschulten Agrarökonomen.

An einem Tag hast Du Dir ein Pferd mit Guide gemietet. Es war nicht Dein erster Ausritt auf Deiner Reise, aber mit Sicherheit der Aufregendste. Es ging im Galopp über die Insel. Vielleicht nicht immer freiwillig, aber meist hat es Spaß gemacht. Die Servolenkung und Bremskraftverstärker waren nicht immer zuverlässig. Ziel des Ausflugs war der höchste Punkt der Insel. Auf dem Rückweg ist Dein Pferd von einem Insekt gestochen worden und gleichzeitig mit allen Vieren zur Seite gehüpft. Du hast dann zwar nur noch halb auf dem Pferd gesessen, aber immerhin warst Du überhaupt noch obenauf.

Auf der Insel gibt es so gut wie keine Versicherungen. Der Inhaber des Stalls hatte definitiv keine, denn Du hast gefragt, was passiert, wenn sich mal jemand nicht auf dem Pferd hält: „Ich vertraue darauf, dass die Leute wissen, dass es ihre eigene Verantwortung ist" – ein Verzichts-Formular wie in Nordamerika üblich, musste man nicht unterschreiben.

Bei einer traditionellen Tanzshow wurde den Touristen von halbnackten Tänzerinnen gezeigt, wie man so richtig mit dem Po wackelt – da kann die deutsche Holzhüfte nur schwerlich mithalten. Die Männer haben ordentlich gedroht, Muskeln angespannt, Tattoos gezeigt (viel Kleidung hatten sie auch nicht an) und die Zunge rausgestreckt – das würde wohl grundsätzlich in Europa auch gehen, kommt nur komisch auf der Tanzfläche im Club.

Von der Osterinsel aus hast Du Südamerika verlassen und bist nach Tahiti geflogen. Abflug um Mitternacht, Ankunft um Mitternacht. Flugzeit gleich Zeitverschiebung.

Du darfst es ANNEHMEN!

Am Strand von Moorea, Französisch Polynesien, 2014

Tahiti – Die Entdeckung der Gastfreundschaft

„Brauchst Du Hilfe?" Nein, das kann ich allein. Für die drei Wasserkisten bin ich stark genug, ich kenne das Beste Käsekuchenrezept, ich finde den Weg schon allein. Nein, Dir war nicht zu helfen. Du hast Menschen oft eine Abfuhr erteilt, die Dir Gutes tun wollten. Weil Du keine Schwäche zugeben wolltest und weil Du deren Erwartung einer Gegenleistung nicht einschätzen konntest.

Dabei ist Unterstützen und Helfen gar nicht nur für den Empfangenden schön, auch dem Gebenden gibt Geben etwas. Es ist angenehm, helfen zu können. Auch einfach nur so, ohne eine große Gegenleistung zu erwarten. Das hast Du in Südamerika gelernt, als Dich Kinderaugen zum Dank für ein gezeichnetes Bild anstrahlten.

Gastfreundschaft ist eine besondere Art der Hilfe. Sie wurde Dir zuteil, als Du fremd warst. Als Du den Weg nicht kanntest, die Sprache fremd war, Du eine Unterkunft brauchtest. Es bedeutet aber auch, sich Zeit zu nehmen, wie es Jenny in New Haven tat und an der Kultur teilhaben zu lassen, wie Deine Freunde in Costa Rica.

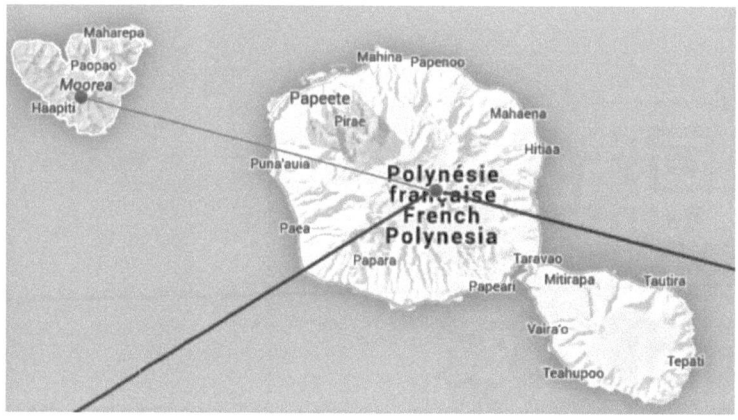

Auf Tahiti hast Du Gastfreundschaft in einer besonderen Intensität erlebt und gelernt, Hilfe anzunehmen.

Inzwischen verstehst Du dieses Konzept als allumfassenden Kreislauf: Dir wird geholfen, wenn Du es brauchst, manchmal musst Du auch über Deinen Schatten springen und fragen. Manchmal kannst Du Deinem Helfer direkt etwas zurückgeben. Manchmal nicht. Und das ist nicht schlimm, denn es gibt ein viel größeres Konzept von Geben und Nehmen im Kosmos. Das mag esoterisch und nach Tantra klingen, aber unabhängig von der Definition in großen Lehren macht es Dich glücklicher. Und darum geht es.

Bilder aus Tahiti? Hier:

http://geilereise.net/weltreise/das-buch/tahiti/

Übermüdete, erinnerst Du Dich an Deine Ankunft in Papeete?

Mitten in der Nacht ist das Flugzeug von der Osterinsel in Tahiti gelandet. Ihr seid mit der Zeit geflogen und so schritt die Uhr scheinbar nicht voran. Im Gegensatz zur kühlen Luft auf der Osterinsel und im Flugzeug, war es unsagbar warm und schwül. Es ging mal wieder zur Regenzeit näher an den Äquator.
Nicht nur Du warst unendlich müde. Das Gepäckband zu diesem einzigen ankommenden Flug leerte sich, bis irgendwann nur noch ein einsamer Rucksack seine Kreise zog. Leider war das nicht Deiner.

Offenbar hatte sich eine schlafwandelnde Reisende Deinen Rucksack geschnappt und ihren zurückgelassen. Die Dame am Schalter war das gewohnt: „Wahrscheinlich hat die Eigentümerin dieses Rucksacks Ihren. Falls das nicht der Fall ist, ist Ihr Gepäck entweder noch für eine Woche auf der Osterinsel oder auf dem Weg nach Santiago."

Das wäre beides sehr schlecht gewesen, denn Du warst nur für acht Tage in Französisch Polynesien und Dein Rucksack hätte Dir nach Neuseeland folgen müssen. Noch schlimmer wäre nur der Verlust des Gepäcks gewesen, denn der maximale Erstattungsbetrag der Fluggesellschaft betrug umgerechnet stolze 46 Euro. Aber warum grübeln? Die Dame hat Dir ein Übernachtungspaket der Fluggesellschaft inklusive Herrenunterwäsche überreicht und Deine Telefonnummer notiert.

Du hast mit einer Stunde Verspätung das Flughafengebäude verlassen. Der Hosteleigentümer wartete immer noch, gemeinsam mit zwei weiteren Neuankömmlingen. Ihr wart gerade zehn Minuten auf der Schnellstraße unterwegs, als sein Handy klingelte und er mit einem anderen Pensionseigentümer die Übergabe Deines Rucksacks für den frühen Morgen absprach. Dein Gepäck wurde zum Frühstück geliefert und Du musstest nichts tragen.

Anhalterin, erinnerst Du Dich an Deinen Weg nach Vairao?

Nach dem Frühstück ging es auf den Weg nach Vairao zu Deiner Couchsurfing-Unterkunft. Wann und ob überhaupt ein Bus kommt, war nicht klar, da keinerlei Fahrplan verfügbar war. Wenn, dann wäre der Bus nur bis zur Schnittstelle der beiden Halbinseln von Tahiti gefahren und Du hättest umsteigen müssen.

Per Anhalter zu fahren sei auf Tahiti üblich und sehr einfach, sagte Dein Gastgeber im Hostel. So richtig überzeugt warst Du von diesem Konzept zunächst nicht. Wer weiß, wer dann anhält und was der dann von Dir will. Also hast Du Dich an die Bushaltestelle gestellt. Es war schwül und Dein Gepäck schwer.

Nach einer halben Stunde Schwitzen in der Hitze war der Deal mit Dir selbst folgender: Wenn innerhalb der nächsten zehn Minuten der Bus kommt, gut, wenn nicht, wirst Du den Daumen zum Trampen heben. Nach acht Minuten hielt der Fahrer eines Pick-ups und fragte, wohin es gehen soll und ob er Dich mitnehmen könnte. Er wirkte vertrauenswürdig und Du bist eingestiegen.

Der Fahrer war ursprünglich aus China, hatte hier eine Familie gegründet und sich vor Jahren als Elektromeister selbständig gemacht. Du hast im Gespräch gemerkt, dass Dein mittelmäßiges Französisch in Deinem Hirn zwischendurch mit Spanisch ersetzt worden war. Trotzdem habt Ihr Euch über die Arbeitsmarkt-Situation in dieser französischen Enklave unterhalten. Und er hat Dich bis zum Boots-Anleger in Vairao gebracht.

Couchsurferin, erinnerst Du Dich an Deine Koje auf der Karaka?

Couchsurfing ist ein Unterkunftskonzept mit einer Internetplattform auf der sich Reisende und Gastgeber finden. Angeboten wird ein Bett, eine Couch, ein Zimmer, eine Party…alles Mögliche, um einen Schlafplatz zu finden. Bezahlt wird mit Geschichten, Hilfe und Lebensmitteln.

Deine Koje lag im Durchgang zwischen Oberdeck und Kajüte des Segelschiffs Ketch Karaka. Es gab keine Wand und Dein Rucksack lag mit auf der dünnen Matratze. Die Süßwasserdusche war an Land und mit einem kleinen Ruderboot zu erreichen, die Toilettenspülung wurde mit Fußpumpe betrieben und man schwamm besser gerade nicht in der Nähe des Schiffs, wenn jemand einen Stuhlgang angekündigt hatte. Der Komfort war trotzdem grandios, denn der Sonnenuntergang mit netten Menschen bei gutem Essen war unbezahlbar und die Wellen schaukelten Dich sanft in den Schlaf.

Es waren sehr interessante und großartige Leute an Bord der Karaka: Tom, Captain, Franzose, seit 10 Jahren auf den Weltmeeren unterwegs; Cat, asiatische Katze mit Stummelschwanz und Redebedarf; eine Bootsbesatzung aus Couchsurfern: Hila, Italienerin, Reisende seit 10 Jahren und Improtänzerin; Collin, Schotte, seit 4 Jahren auf unterschiedlichen Schiffen Crewmitglied; Mikael, Slowake, Dokumentarfilmer und Sarongträger; Katrin, Isländerin, Guide für die härtesten Pferdetrekkingtouren in Island und Reisende mit einem 5 Kilo Rucksack. Und Du mittendrin.

Auch oder wahrscheinlich gerade beim Zusammenleben mit so vielen fremden, besonderen und kulturell sehr unterschiedlichen Charakteren sind Toleranz und Rücksichtnahme besonders wichtig. In einer Nacht hatte Katrin etwas zu viel Rum erwischt und sich in Hilas Koje gelegt. Beim schwungvollen Fallen hat sie den Kettenanhänger aus einer Muschel zerbrochen. Dieser war für Hila sehr wichtig. Der Streit kam allerdings gar nicht wegen dieses Missgeschicks auf, oder weil Katrin Hilas Koje blockiert hatte, sondern weil sie nicht zugab, dass sie den Anhänger zerbrochen hatte und sich nicht entschuldigen wollte.

Für Tom war die Stimmung zwischen den Damen kaum auszuhalten, aber er wollte sich auch nicht einmischen geschweige denn, eine seines Boots verweisen. Schließlich entschied Katrin, vorzeitig weiterzuziehen. Hila war weiterhin sehr betroffen. Leider hatte sie nicht direkt die Gelegenheit genutzt, die Angelegenheit persönlich zu klären und musste ihre inzwischen gewachsene Trauer über Katrins Verhalten ohne sie verarbeiten. Du hast Dir vorgenommen, Dinge, die Dich betroffen machen, zukünftig direkt zu klären.

Tom hatte das eiserne Segelboot vor zehn Jahren für einen Dollar in Hong Kong gekauft. Wegen der Zyklonsaison konnte man gerade nicht segeln, dafür lag die Karaka im ursprünglichen Teil Tahitis, auf der Halbinsel vor Vairao, vor Anker. Tagsüber gab es genug zu tun, da Tom das Boot einem großen Rundumputz unterzog. Eines Tages hast Du dann auch mal das Deck geschrubbt, auf allen vieren.

Außerdem fräste der Captain in seiner Freizeit großartigen Schmuck und kleine Dekogegenstände aus Knochen. Er hat Dir erklärt wie, und Du hast Dir selbst einen Kettenanhänger aus einem Stück Rinderknochen gefräst. Später hast Du Deinen Haken mit echten Tahiti-Perlen ergänzt und kehrst jedesmal auf die Karaka zurück, wenn Du Dir Dein Souvenir über den Kopf streifst.

Autostopperin, erinnerst Du Dich an die Inselrundfahrt mit Hila?

Hila hat einen italienischen und einen portugiesischen Pass. Sie reist bereits seit ihrem 18ten Geburtstag, also seit über zehn Jahren. Sie hatte nach der Schule bei einem Freiwilligenprojekt in Südamerika geholfen und seitdem ihren Koffer nie wieder ausgepackt. Ihre globale Familie besteht aus Reisenden und Freigeistern auf der ganzen Welt, mit denen sie via Facebook und Skype Kontakt hält und die sie immer wieder für Festivals und Hilfsprojekte trifft. Die ganze Welt ist ihr Zuhause und sie nennt sich Cosmic Kolibri. Das passt wundervoll, denn sie flattert um den Globus, ist mal hier und mal dort und bald wieder fort.

Eines Tages wolltet Ihr nach Papeete (gut 1,5 Stunden

Fahrtzeit) ins Perlenmuseum. Wieder fuhr kein Bus und Ihr habt Euch mit Daumen hoch an die Straße gestellt. Inzwischen war Dein Autostopp-Gefühl schon besser und Ihr wart ja auch zu zweit. Wie der Zufall es wollte, hat Euch ein allein reisender, französischer Tourist in seinem Mietwagen mitgenommen und Ihr habt eine komplette, touristische Inseltour gemacht (über 5 Stunden). Dagegen stellte sich das Perlenmuseum als Verkaufsraum heraus. Eure Rücktour brauchte drei verschiedene Fahrzeuge und langsam hat es Dir schon Spaß gemacht, per Anhalter zu fahren.

Schnorchlerin, erinnerst Du Dich an das türkise Wasser von Moorea?

Nach vier Tagen wundervoller Gastfreundschaft von Tom auf seinem Schiff bist Du wieder nach Papeete gefahren. Der erste Fahrer, der Dich als Anhalterin mitgenommen hat, brachte Dich zur Bushaltestelle an einem Einkaufszentrum und befragte die Wartenden nach der Abfahrtzeit. Du solltest fast eine Stunde Zeit haben, bis der nächste Bus fuhr. Praktischerweise kann man mit oder gegen den Uhrzeigersinn um die Insel Tahiti fahren, da verdoppelt sich die Chance, dass ein Bus wirklich kommt. Allerdings musstest Du zu einer anderen Bushaltestelle laufen.

Du hast im Einkaufszentrum ein Stück Pizza gegessen. Der Verkäufer fragte Dich, woher Du kommst und bedankte sich für Deinen Besuch von Tahiti. Du hast das kostenlose W-LAN der Shopping Mall genutzt, um Bilder einer mit bunten Kugeln und künstlichen Kerzen dekorierten, weißen Plastiktanne an Deine Freunde zu schicken. Weihnachtliche Klänge auf einer Südseeinsel klingen ganz besonders putzig.

Die Richtung zur anderen Bushaltestelle machten Dir die Wartenden von zuvor mit Handzeichen klar. Den Standort konntest Du daran identifizieren, dass ein junger Mann scheinbar sinnlos unter einem Mangobaum herumlungerte.

Du hast dem Busfahrer gesagt, dass Du zum Terminal der

Fähre nach Moorea möchtest. Er hat seine Route etwas angepasst und Dich vor der Tür abgesetzt. Die Dame am Ticketschalter hat die bereits ablegende Fähre für ein paar Minuten für Dich aufgehalten. Dem Busfahrer auf Moorea hast Du ebenfalls Dein Ziel mitgeteilt. Er stoppte direkt am Eingang des Campingplatzes.

Die Tahiti vorgelagerte Insel Moorea ist ein echter Südseetraum in Herzform mit türkisblauem Wasser, weißen Sandstränden und beeindruckenden Unterwasserwelten.

Du hast Deinen hübschen Camping-Bungalow mit Bernadette, 55 Jahre, aus Frankreich geteilt. Dein Französisch war mies, ihr Englisch nicht besser. Ihr habt Euch auf langsames Spanisch geeinigt und wunderbar verstanden.

Auf Moorea gab es intensive Begegnungen mit Tieren. Die kleine, schwarze Katze auf dem Campingplatz kam eines Nachmittags in Euren Bungalow und beanspruchte Deinen Bauch als Liegefläche. Für Dich kein Problem, Du magst Tiere und Kinder. Sie war schwanger und Du konntest ihre Babies auf Deiner Bauchdecke treten fühlen. Das war ein sehr intensives Gefühl. Am nächsten Tag hast Du mit Stachelrochen und Haien geschnorchelt. Die neugierigen Rochen in der Lagune ließen sich anfassen. Sie waren samtig weich und doch sehr muskulös und kraftvoll.

Den Weg zurück zum Fährterminal bist Du wieder per Anhalter gefahren. Einmal auf die andere Seite der Insel brauchte zwei Fahrzeuge. Ein sehr verliebtes Pärchen nahm Dich mit auf die Fähre. Und natürlich gab es auch einen Fahrer, der Dich zum Hostel mitnahm.

Überwältigte, erinnerst Du Dich an Deinen Europabesuch?

Zwischen Ankunft und Abreise durftest Du unglaubliche Gastfreundschaft erfahren und hast verstanden, dass Du angebotene Hilfe annehmen und um Unterstützung bitten darfst.

Genau genommen bist Du in Frankreich gewesen. Als Europäerin hast Du bei Einreise noch nicht mal einen Stempel in den Pass bekommen. Die Menschen spielen Boule, Französisch ist Amtssprache, es gibt Baguette überall; nur Busse fahren nicht wirklich nach Plan…überhaupt: welcher Plan?

Dein Lieblingsessen hatte wieder mit rohem Fisch zu tun: Poisson Cru. Frischer Thunfisch (wahlweise auch anderer Fisch in Sushi-Qualität) wird filetiert, in Streifen geschnitten und für 2-5 Minuten in Limettensaft mariniert. Dann kommen dazu Gemüsestreifen und Kokosmilch. Lecker.

Finde Deine LADESTATION!

Doubtful Sound, Neuseeland, 2015

Neuseeland – Landschaften zum Energie tanken

Wo kannst Du entspannen? Welcher Ort lädt Dich auf? Ein Strand, mit Blick zum Horizont und das Rauschen der Wellen, die Fernsicht auf einem Berggipfel, die spiegelglatte Oberfläche eines Sees, das Vogelgezwitscher in einem Wald, die mystische Kühle einer Höhle, die steilen Klippen in einem Fjord, der Blick in die Weiten eines Canyons, die sanft geschwungenen Gipfel der Dünen in einer Wüste.

All das hast Du auf Deiner Reise gesehen, besonders schöne Landschaften gab es in Neuseeland.

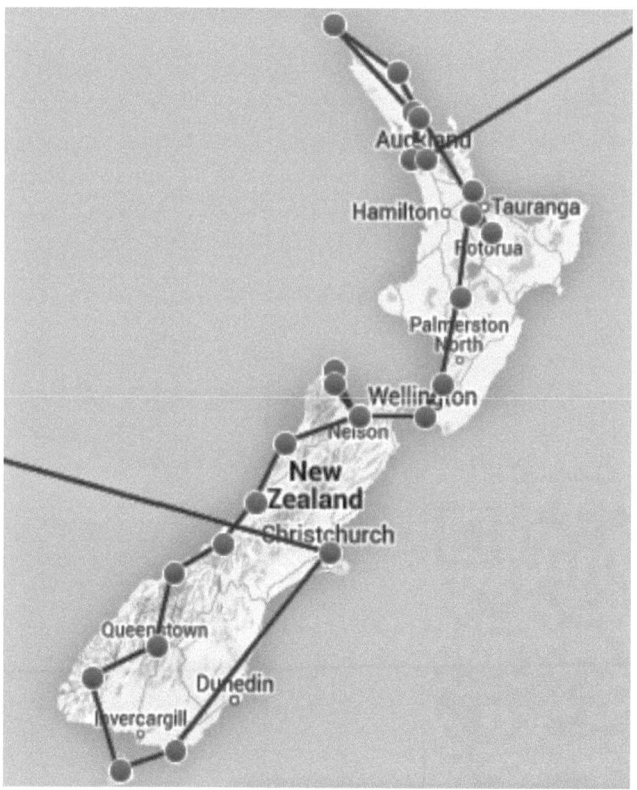

Du hast für Dich herausgefunden, dass Du am Meer und auf dem Wasser entspannst und Deine Akkus mit einem Waldspaziergang richtig aufladen kannst. Sehr praktisch für jemanden, der aus dem Harz kommt.

Bilder aus Neuseeland? Hier:

http://geilereise.net/weltreise/das-buch/neuseeland/

Die Welt ist ein Dorf
voller FREUNDE!

Filmset Hobbiton in Matamata, Neuseeland, 2014

Neuseeland – Der Umgang mit Freundschaften

In einem Gespräch über Freundschaft, hast Du kürzlich gehört: „Wenn Du Dein Leben wie eine Zugfahrt siehst, dann steigen Menschen ein und wieder aus. Manche begleiten Dich sehr lange, andere nur für eine Station. Manche setzen sich in den letzten Waggon, einige treffen Dich im Bordrestaurant und wenige kommen zu Dir ins Führerhaus. In jedem Fall ist es eine gemeinsame, wahrscheinlich wichtige, vermutlich spaßige und in jedem Fall lehrreiche Zeit."

Freunde als Begleiter auf Deiner Lebensreise – das gefällt Dir. Die Vorstellung gibt Raum für unterschiedliche Ausprägungen von Freundschaft und keine ist besser oder schlechter als andere. Nur anders.

Dich haben der Beginn, der Verlauf und das Ende von Freundschaften in Deinem bisherigen Leben sehr intensiv beschäftigt. Mit der Lektüre der Geschichten über Hector (Bücher von François Lelord über Freundschaft, aber auch Glück, oder Zeit) hast Du vor einiger Zeit neue Einsichten gewonnen und akzeptiert, dass nicht jeder Mitfahrer in Deinem Lebenszug die ganze Strecke mitfahren wird.

In der Literatur gibt es verschiedene Motive für Freundschaft, zum Beispiel von Aristoteles: die Freundschaft fürs Herz mit den sehr wenigen Freunden, die man nicht jeden Tag sieht, es sich aber immer anfühlt, als sei es gerade gestern gewesen. Die nützliche Freundschaft in der man sich gegenseitig hilft mit Freunden mit einer Bohrmaschine und den guten Kontakten in der Berufswelt. Und die spaßige Freundschaft mit Freunden mit denen man seine Freizeit verbringt und mit denen man super feiern kann.

Freundschaft ist auch ein Prozess. Sie beginnt bereits in dem Moment, in dem sich zwei Menschen kennenlernen. Wie tief und umfangreich die Freundschaft wird, hängt davon ab, wie viel man von sich preisgeben möchte und jemanden an sein Inneres heranlassen möchte.

Als Voraussetzung für Freundschaft brauchst Du ein gewisses Maß an Ähnlichkeiten, gemeinsamen Zielen, Themen und Werten – wie schön, dass die Menschen auf Reisen dies häufig mitbringen.

Selbst sehr kurze Begegnungen waren intensiv und oft nicht nur an Spaß orientiert. Letztlich hatten alle das Bedürfnis nach Kontakt zu anderen. Die Welt wurde zum Dorf, nicht nur, weil Deine Freundinnen von zu Hause Dich besucht haben und Du immer wieder neue Freunde gefunden hast. Gerade in Neuseeland hast Du Menschen wieder getroffen, die Dir irgendwo zuvor begegnet waren.

Es gab ein Wiedersehen mit Sandra, die Du aus einem Griechenlandurlaub kanntest, mit Simon aus Bayern, den Du zum ersten Mal in Peru getroffen hast. Hila vom Schiff in Tahiti war dort, mit Martin aus Braunschweig hattest Du schon den deutschen Sieg bei der WM in Vancouver gefeiert und mit Nicky aus dem Jeep in Bolivien und ihren Freunden hast Du nun Sylvester verbracht.

Autokäuferin, erinnerst Du Dich an Dein erstes Vehikel in Auckland?

„Not today, perhaps tomorrow – but no worries…" – also heute wird das nix mehr, aber morgen besorgen wir das Ersatzteil und dann geht es los. Du hast gleich am Montagabend, fünf Stunden nach der Landung in Auckland, einen Van gekauft. Der Hostelbetreiber Campbell hatte den Verkäufer empfohlen und für den Nachmittag einen Termin vereinbart. Der Wagen war zu dem Zeitpunkt noch ein Familienauto und sollte sein neues Leben als Campervan beginnen. Eine sehr interessante Woche begann: Du hast gelernt, wie man ein Bett in einen Van baut, wie viele Teile durchgerostet sein können, welche Preisunterschiede es bei Campingausstattung gibt, was ein Bowlingclub in Neuseeland ist und dass man manchmal am besten die Stadt verlässt.

Dein Van war also bis vor Kurzem ein ganz normales Familienauto. Nicht neu (Nissan Largo, Baujahr 1996), aber günstig (Du hast nicht mehr ausgegeben, als Dich die Miete eines Campervans für sieben Wochen gekostet hätte) und er fuhr. Unter dem Teppich lagen die Hinterlassenschaften mehrerer Generationen verborgen. Und der Teppich musste raus, um die hinteren Sitze komplett auszubauen. Das Bett aus Kanthölzern und Tischlerplatte hat Ken – der Autoverkäufer und Mechaniker, Mitte Fünfzig und mit sehr aufbrausendem Gemüt – mit Deiner Assistenz eingebaut. Dazu noch geblümte Vorhänge und ein paar geschenkte Stühle, ein Tisch und ein Campingkocher und neu gekaufte Ausrüstung sowie Matratze: Tataaa – Home sweet Home.

Beim WOF (=TÜV) wurde ein verrostetes Rohr im Wassersystem gefunden. Als Ken das austauschen wollte, fand er noch mehr Baustellen. Lange Rede, kurzer Sinn: diverse Ersatzteilbeschaffungen und Einbau haben ein paar Tage in Anspruch genommen. Es war prima, dass er Dich nicht einfach auf den Weg schickte und sich mit „gekauft wie gesehen" aus der Affäre gezogen hat. Solche Geschichten waren unter Backpackern in Neuseeland sehr weit verbreitet. Dann dauerte es halt ein paar Tage.

Zum Glück konntest Du Deinen Aufenthalt im Hostel verlängern, Du musstest nur in ein anderes Zimmer ziehen, das Du mit Finn und Steffen aus Deutschland teilen solltest. Finn war nach dem Abi auf Work-and-Travel-Trip gegangen und inzwischen in der Gastronomie-Welt Aucklands gut angekommen. Du hast ihn immer wieder getroffen, wenn Du zurück nach Auckland durftest. Steffen hattest Du den Van vor der Nase weggeschnappt. Ob das gut war, sollte sich noch zeigen, denn es dauerte weitere Tage.

Eine Nacht hat Dich Campbell dann in seinem Privathaus einquartiert, weil das Hostel bis unters Dach ausgebucht war. Als Du später bereits in dem Auto schlafen konntest, hast Du auch die Gastfreundschaft eines Bowlingklubs kennengelernt. Du wurdest in den Club von Ken eingeladen. Dabei war auch Steffen, der inzwischen ein Auto von Ken gekauft hatte, das ebenfalls noch nicht abfahrbereit war.

Die Gastfreundschaft war umfassend und viele Menschen luden Dich zu unterschiedlichen Getränken ein. Da kamst Du irgendwann mit der Weiterverteilung kaum noch hinterher.

Gegen zwei Uhr morgens schloss der Club und alle schwankten nach Hause. Dein Weg war kurz wie der von Steffen: aus der Tür auf den Parkplatz. Ihr habt Euch noch etwas unterhalten, als ein Erwachsener auf einem Kinder-BMX-Rad angeradelt kam. Er brachte Sandwiches und Muffins, noch warm. Vielleicht ist ein nächtlicher Snack in Neuseeland für Gäste auf Parkplätzen normal. Du warst froh, nicht allein zu sein.

Schließlich stellte sich heraus, dass das (hoffentlich) letzte Ersatzteil für Deinen Wagen am Wochenende besorgt und eingebaut werden musste. Und da nun auch die Vordersitze ausgebaut werden mussten, um an den Motor zu kommen, war der Van nicht mehr bewegungsfähig. Nochmal Bowlingclubparkplatz hätte Deine Leber in Kampfbereitschaft versetzt, eine Dusche gab es da auch nicht und die Aussicht auf weitere Sandwich-Lieferanten war gruselig. Steffens Auto war inzwischen fertig, er hat Dir Asyl angeboten und Ihr seid für das Wochenende aus der Stadt geflüchtet.

Obdachlose, erinnerst Du Dich an den holprigen Beginn Deines Roadtrips in Neuseeland?

Muriwai Beach liegt an der Westküste der Nordinsel Neuseelands und ist ein Surferparadies. Zunächst hat es wie aus Eimern geschüttet. Aber am zweiten Tag klärte es auf und der schwarze Strand glitzerte in voller Pracht. Wunderschön!

Steffen hatte Dich aus Auckland mitgenommen, Ihr habt Lebensmittel für ein paar Tage gekauft und Euch auf einem Campingplatz eingerichtet.

Beim Telefonat am Sonntagabend versprach Ken, dass Dein Auto am Montag fertig sein würde. Da Dein Mitreisender keine Lust hatte, schon wieder in die Stadt zu fahren, und auch sonst sein Auto nicht bewegen wollte, hast Du eine Art Schnitzeljagd zum Standort Deines Wagens unternommen.

Der Platzwart des Campingplatzes brachte Dich 20 km zur nächsten Bushaltestelle. Von dort bist Du nach Auckland gefahren und hast Ken angerufen. Anstatt Dich abzuholen hat er Dir den Namen der nächsten Bushaltestelle genannt, zu der Du kommen solltest. So bist Du umgestiegen und hast bei einem weiteren Telefonat den Straßennamen erfahren, wo Dein Van stand. Auf dem linken Vorderrad lag der Schlüssel und Du warst endlich wieder unabhängig und hinter dem Steuer.

Nach dem durchorganisierten Reisestil in Südamerika hattest Du im wahrsten Sinne des Wortes keinen Plan. Irgendwann wolltest Du die Fähre auf die Südinsel nehmen und bis dahin die Freiheit eines Roadtrips in Deinem eigenen Camper genießen.

Der Wagen war Dein erstes kleines, eigenes Zuhause seit 6 Monaten. Ein halbes Jahr Reisen: Halbe Zeit, halber Weg um den Globus.

Mitglied der Global Family, erinnerst Du Dich an Dein erstes Wiedersehen mit Hila?

Es gab ein Wiedersehen mit Hila, die Du in Tahiti beim Couchsurfen kennengelernt hast. Du hast sie in Red Beach abgeholt und wieder mit nach Muriwai genommen, denn Deine Matratze lag noch in Steffens Auto. Ursprünglich wolltet Ihr für eine Woche gemeinsam unterwegs sein, doch das kaputte Wassersystem des Fahrzeugs hatte diesen Plan zunichte gemacht. Immerhin eine Nacht konntest Du ihr noch in Deinem Van anbieten.

Eure gemeinsamen 36 Stunden zwischen Red Beach, Muriwai und Auckland waren voller positiver Energie: Hila war zuvor schon bei Freunden von Freunden in Muriwai gewesen. Bei einem Abendspaziergang sind sie den Klängen großartiger Musik gefolgt und auf der Geburtstagsparty von Nat Rose gelandet. Sie ist Maori und Sängerin. Gemeinsam mit Dir ist Hila zurückgekehrt, um zu erfahren wo man Paua (Abalone/Seeschnecke) – das traditionelle Maori-Gericht – herbekommen kann. Die ist nicht einfach im Supermarkt zu kaufen. Sie fragt, Nat lacht, drückt Euch Gabeln in die Hand und sagt: „Ich habe noch eine Portion Paua von meinem Geburtstag übrig. Ist hier in der Pfanne. Guten Appetit."

Danach seid Ihr auf ihre Empfehlung hin auf dem Hillary Trail gewandert – benannt nach dem Erstbesteiger des Mt. Everest Edmund Hillary. Ihr wart auf seiner Trainingsstrecke unterwegs, wenn auch nur eine gute Stunde. Die Sonne schien auf diesem Weg durch Klein-Mittelerde zur Küste. Der neuseeländische Weihnachtsbaum mit den dunkelroten Fadenblüten blüht nur kurz und jetzt. Wunderschön!

Schon am nächsten Tag musste Hila zurück nach Auckland zum Flughafen. Es ging gemeinsam allerdings nur in dessen Nähe, denn auf dem Highway blubberte der Motor wieder verdächtig, das Wasser kochte und Du musstest an der nächsten Abfahrt raus. Du hast Ken angerufen, der Motor musste für mindestens eine Stunde abkühlen und Hila zum Flughafen. Ein Auto hielt neben Euch und der Fahrer bot seine Hilfe an. Er musste am Flughafen vorbei.

Du warst traurig, als Hila nach Australien weiter zog. Du wärst gern mit ihr gereist und hättest Neuseeland gemeinsam neben den ausgetretenen Pfaden entdeckt. Vieles fügt sich dann einfach.

Findende, erinnerst Du Dich ans Suchen?

Die folgenden Tage waren voller Herausforderungen. Erstmal ganz grundsätzlich zum Suchen und Kramen: „Wer suchet, der findet?" Mag sein. Wer sich entspannt und denkt, verschwendet allerdings weniger Zeit und nervt die Umgebung weit geringer. Die wenigsten Dinge entwickeln von allein Füße und halten sich so meist noch dort auf, wo man sie zuletzt hingelegt hat. Wie zum Beispiel Deine Kopfhörer, die Du nach dem letzten Skypen mit Deinen Eltern in die Hosentasche gesteckt hattest. Oder die schwarze Kamera, die sich erst nach dem Frühstück auf dem schwarzen Grund des Türfachs materialisiert hat.

Anders verhält es sich mit zwei Tonnen Stahlschrott auf Rädern: „Alter, wo ist mein Auto?!" Ja, das ist Dir in Auckland passiert. Da Du Dich nun seit Tagen wegen des defekten Kühlsystems des Vans in einem 50 km Umkreis von Auckland aufhalten durftest, konntest Du Dich mit Sandra aus Münster treffen. Ihr habt Euch 2013 im Sporturlaub in Griechenland kennengelernt und sie war nun am Ende einer Rundreise von Neuseeland.

Ihr habt schön gequatscht, etwas gebummelt und seid zusammen Richtung Parkplatz gegangen. Du wolltest ihr Deinen

Van zeigen – aber der Parkplatz war leer. Tja, „Clearingzone" hieß offenbar „hier wird im Berufsverkehr zwischen 16 und 18 Uhr abgeschleppt, auch wenn Du ein Parkticket gezogen hast". Immerhin war Deine Unterkunft nicht geklaut worden. Stand ja auch vor der Polizeistation. Da war es zumindest einfach, den Aufenthaltsort herauszufinden. Die Wanderung zum Fahrzeughof war allerdings regnerisch – und das Wiedersehen teuer.

Mechanikerin, erinnerst Du Dich an die letzten Tage mit Deinem Van?

Von Auckland bist Du nach Kumeu gefahren und hast in Deinem Auto auf dem Hof einer Biofarm übernachtet. Dort „woofte" ein Reisender, Simon aus Deutschland, den Du in Peru zum ersten Mal getroffen hattest („Woofing" bedeutet in Neuseeland wie in Kanada working on organic farms, Arbeitskraft wird gegen Unterkunft und Essen auf Biofarmen getauscht). Beim gemeinsamen Abendessen mit den chinesischen Farmern und anderen Woofern aus China und den USA wurden Rezepte und Reisestories ausgetauscht. Ni hau? Wo hen hau. Es war ein schöner Abend. Von dort bist Du weiter Richtung Norden gefahren, mit dem überwältigenden Gefühl, endlich „on the road" zu sein.

Es stank, klapperte, puffte und dampfte – Poldi kam angerollt. Dieser Van stellt sich als echte Herausforderung für Deine Geduld heraus. Deine Euphorie war schon am nächsten Tag nach einer weiteren Panne mit kochendem Kühlwasser dahin. Dafür kanntest Du Dich jetzt zumindest mit dem Wassersystem von Fahrzeugen aus.

Es gab viele Menschen, die Dir geholfen haben. Angefangen mit Ken, dem Verkäufer. Sein Temperament kochte zwar auch ständig, er ließ Dich aber auch zehn Tage nach Kauf nicht hängen und organisierte regelmäßig Reparatur und Rettung.

Campbell, der Eigentümer vom ersten Hostel in dem Du in Auckland warst und der Dir den Kontakt mit Ken besorgt hatte, vermittelte auch jetzt zwischen dem explosiven Techniker und der unwissenden, deutschen Blondine. Und bei jeder Panne lerntest Du mehr und trafst Einheimische. Beim letzten Mal hat Dir eine Anwohnerin Kekse und Schokolade gebracht und Ihr habt geklönt, bis der Motor einigermaßen abgekühlt war und Du zur nächsten Werkstatt rollen konntest. Das waren Reiseerfahrungen außerhalb der ausgetretenen Pfade.

Es war gut, dass es keinen konkreten Plan gab. So hast Du nichts verpasst, im Gegenteil. Konsequenz der letzten Panne: Du warst auf einem Campingplatz direkt am Strand der Ostküste, hast die Freiluftküche genutzt und einfach nur die Ruhe und Einsamkeit genossen. Die Sonne schien, es war wirklich Sommer. Der Sand war hell und weich zwischen den Zehen. Die Füße wurden ganz warm nach einem Spaziergang im seichten Wasser. Du hast Dir das Gefühl von Schwerelosigkeit zurückgeholt und genossen, wie der Wind in den Ohren pfeift, wenn man ganz hoch schaukelt.

Nachdem das Ersatzteil da war, wurde Dein Van wieder repariert – diesmal allerdings zum letzten Mal. Du hast Deinen fahrenden Untersatz umgetauscht. Bye bye Van, bye bye Poldi. Willkommen 1996er Nissan Primera Camino mit ganz normalem Kofferraum und außergewöhnlichem Bett auf der Beifahrerseite.

Fahrerin, erinnerst Du Dich an Deine Tour bis zur Spitze der Nordinsel?

Neuseeland besteht aus zwei Inseln. Nachdem Du endlich ein funktionstüchtiges Fahrzeug hattest, bist Du Richtung Norden gefahren. Ganz weit, mit Übernachtung auf dem Campingplatz am Strand von Waipu und Yoga am Morgen. Du bist bis zum Cape Reigna gefahren. Danach ist das nächste Festland im Norden Japan.

Cape Reigna wurde von Abel Tasman, dem holländischen Entdecker Neuseelands, nach der Frau des niederländischen Königs benannt. Für die Maori ist es ein heiliger Ort an dem die Geister der Toten ins Wasser steigen und nach Hawaiiki (irgendwo in Polynesien) zurückkehren. Die Ureinwohner Neuseelands sind nämlich auch gar nicht so eingeboren: Sie kamen der Legende nach mit sieben Kanus aus Hawaiiki (nicht zu verwechseln mit Hawaii).

Auf dem Weg nach Süden bist Du in der einsamen Henderson Bay in die pazifische Brandung getaucht und hast Dich am 90 Mile Beach am tasmanischen Meer entspannt. Wenn Du noch Vertrauen in neuseeländische Gebrauchtwagen hättest, wärst Du wahrscheinlich auch auf dem Strand parallel zur Küste weitergefahren. Das geht und ist erlaubt.

In Paihia hast Du Dir zu Weihnachten einen Bootsausflug in der Bay of Islands geschenkt. Dazu gehörte – Trommelwirbel bitte – Schwimmen mit wilden Delfinen. Die Wahrscheinlichkeit liegt gerade mal bei 35 Prozent, dass das Boot zur richtigen Zeit am richtigen Ort ist, die Delfine grad nicht Mittagspause haben (von 11:30 bis 13 Uhr, ernsthaft!) oder Jungtiere dabei sind. Es war toll!

Du hast Dich lange mit dem Captain des Boots, Billy, unterhalten. Er stammte aus den Niederlanden und lebte viele Jahre auf Schiffen. All sein Hab und Gut passte damals in eine einzige Kiste. Für ihn war auch nach vielen Jahren Sesshaftigkeit noch schwer zu fassen, dass er Haus, Möbel und Deko-Zeug besitzt.

Heimatvermissende, erinnerst Du Dich an Weihnachten?

Es waren inzwischen 12 Stunden Zeitunterschied. Am Heiligabend in Deutschland warst Du via Skype in Eurer Stube mit Weihnachtsbaum in Barbis. Zum ersten Mal hattest Du richtiges Heimweh. Zum ersten Mal warst Du an Heiligabend nicht zu Hause.

Eine Familie in Rotorua hatte Dich eingeladen. Hila kannte Leute, die bereits im letzten Jahr mit dieser Familie gefeiert hatten und sie hatte den Kontakt hergestellt. Am Telefon klang alles prima. Leider stellte sich die Familie als ein einsamer, betrunkener Mann heraus. Seine Tochter war bei der Mutter, es gab keinen Weihnachtsbaum und er hatte nur einige Couchsurferinnen zu sich eingeladen. Außer Dir ist keine aufgetaucht. Und auch Du bist schnell wieder verschwunden, nachdem Du die Nacht — allerdings wie schon vorher geplant — im Auto verbracht hattest und Dein Gastgeber morgens immer noch betrunken im selben Outfit von der Couch hochschreckte, als Du in das Wohnzimmer kamst. Du warst dankbar für die Einladung und er tat Dir leid, aber so hast Du Dir Dein Weihnachten nicht vorgestellt.

Zum Glück gab es ein spontanes Wiedersehen mit Martin aus Braunschweig, den Du in Kanada kennengelernt hattest. Dort hattet Ihr gemeinsam den Sieg der deutschen Fußballnationalmannschaft bei der WM in Brasilien gefeiert.

So ging es am ersten Weihnachtsfeiertag in praller Sonne zum Spaziergang an den Strand und es wurden Nudeln und Tomatensoße gekocht. Apfelmus mit Zimt und Vanillesoße war das einzige Zugeständnis zum Datum. Es weihnachtete gar nicht.

Am zweiten Weihnachtstag — hier Boxing Day, heißt so, weil früher die Essensreste und überflüssigen Geschenke vom ersten Feiertag in Boxen gefüllt und an die Dienerschaft gegeben wurden — bist Du mit Martin noch in der Umgebung von Waihi gewandert. Naja, eher spaziert; auf alten Bahngleisen und in der Geschichte des Goldschürfens. Noch heute wird dort eine Goldmine betrieben.

Zur deutschen Mittagszeit warst Du mit Deiner Familie inklusive Deinen Großeltern zum Skypen verabredet. Die beiden hattest Du vor über sechs Monaten zum letzten Mal gesehen. Es war eine witzige Situation: Ein Großteil der Familie im Arbeitszimmer Deines Vaters vor der Webcam aufgestellt, Deine

Großeltern sitzend im Vordergrund, Dein Bruder im Hintergrund nur noch halb im Bild und Du zu neuseeländischer Mitternacht im Auto, in den Schlafsack gehüllt, vor geblümten Vorhängen.

Hobbit, erinnerst Du Dich an Deinen Besuch von Vulkan und Auenland?

Langsam aber sicher ging es weiter Richtung Süden, denn noch 2014 wolltest Du mit der Fähre auf die Südinsel übersetzen. Kurz vor Rotorua – ja, da warst Du zu Weihnachten schon einmal – hast Du Dich spontan für eine Übernachtung auf einem Campingplatz am See entschieden. Die Kajakausleihe war kostenlos und die Stunde auf dem Wasser großartig entspannend.

Rotorua hat einen besonderen Duft: Überall riecht es nach faulen Eiern. Das liegt an der besonders starken vulkanischen Aktivität in der Region. Im thermalen Wunderland bricht jeden Morgen pünktlich um 10:15 Uhr der Lady Knox Geysir aus. Warum pünktlich? Egal ob Sommer- oder Winterzeit?

Ursprünglich war der Geysir eine heiße Thermalquelle wie viele andere. Die Strafgefangen der Umgebung haben dort ihre Wäsche gewaschen, unter Zusatz von Waschmittel natürlich. Ihre nasse Kleidung ist dann öfter mal in den umgebenden Bäumen gelandet, wenn die Mineralien im Wasser mit dem Waschmittel zu einem explosiven Geysir reagierten. Um den Effekt zu verstärken, wurde ein Kegel aus Ziegelsteinen gemauert. Und der ist nun über die Jahrzehnte mit Silikat überwuchert. Und wenn heute der Eruptionsbeauftragte einen Beutel Waschmittel in den Kegel gießt, bricht der Geysir innerhalb von 7 Minuten auf 13 Meter Höhe aus. „Aaah", macht das beeindruckte Publikum auf den Rängen. Danach spazieren die Massen durch eine dampfende, grollende und blubbernde Kraterlandschaft.

Zwischen Rotorua und Hamilton liegt Matamata. Hier wurde die Familienfarm Alexander zum Filmset „Hobbiton". Inmitten sanfter Hügel wurde das Auenland aus J.R.R. Tolkiens Herr der

Ringe und Hobbit-Büchern erschaffen. 42 Hobbitlöcher mit runden Türen und liebevoll detailliert gestalteten Vorgärten sind zu besichtigen. Dazu hat Jonelle, die Guide, viele Hintergrundgeschichten zu den Filmdrehs erzählt. Ohne Frage ein besonderer Ort. Ein deutscher Tourist erschien vor gar nicht allzu langer Zeit in voller Hobbitmontur – alles original passend, außer dass er knapp zwei Meter groß war – und verkündete am Ende der Tour, dass er jetzt hier bliebe und auch nicht mehr weggehen würde. Vielleicht etwas verrückt, insbesondere weil die Hobbitwohnhöhlen hinter der Eingangstür enden – Filmset halt. Nur die Farm wird weiter betrieben und 14.000 grasende Schafe dekorieren die Hügel.

Weiter südlich liegt der Lake Taupo wunderschön in einer Vulkanlandschaft. Auf dem Weg zur Südküste der Nordinsel Neuseelands hast Du im Tongariro Nationalpark für eine Wanderung zu den Silicate Rapids gehalten. Der Weg führte zwei Stunden durch eine beeindruckende Landschaft zwischen Schluchten, vulkanischen Plateaus und Moorland. Andere machen hier eine Querung der neuseeländischen Alpen. Bei Dir lief langsam der Countdown zur Fähre an.

Museumsbesucherin, erinnerst Du Dich an Deinen letzten Tag auf der Nordinsel?

Den letzten Tag auf der Nordinsel Neuseelands hast Du in Wellington, der Hauptstadt, verbracht und von der Stadt nicht viel gesehen, dafür war das Nationalmuseum „Te Papa" einfach zu überwältigend.

In der Kunstausstellung gab es einiges Zeitgenössisches zu bewundern. Besonders interessant war ein Werk der neuseeländischen Künstlerin Kerry Ann Lee. Neben bunten Bildausschnitten stehen Fragen wie „Welche drei Dinge würdest Du Deinem Ich in der Vergangenheit sagen?", „Wer bist Du?", oder viel einfacher „Welche drei Dinge würdest Du mit auf eine einsame Insel nehmen?" Die Bilder mit rosa Flamingos neben Schreibmaschinen oder Fischen geben Futter für die Augen, die vielen Fragen bringen den Geist zum Sprudeln. Das ist dann wohl interaktiv und hat Dich sehr an Deine Eindrücke bei der Documenta XII 2008 in Kassel erinnert: Das was in Dir beim Betrachten passiert, ist die Kunst.

Die historische Ausstellung über England und Maoris erinnerte an die Eroberungsgeschichten in Nordamerika, Lateinamerika und Polynesien. Erstaunlich und erschreckend, wie die Europäer den Globus erobert haben. Und auch einen Moai aus Rapanui gab es zu sehen. Das Polynesische Dreieck erstreckt sich nämlich von Hawaii zu den Osterinseln und bis nach Neuseeland.

In der Unterwasserausstellung lebte nichts mehr. Das Becken voller Skelette – die Radiologie – war schon fast gruselig. Noch faszinierender war allerdings der eingelegte Riesenkalmar. Der sah aus wie ein Alien aus „Independence Day". Diesmal konnte man allerdings die Herstellung des Präparats mit einer Menge Formalin in einem Video sehen.

Das Verhalten in Beziehungen mancher Anglerfische ist faszinierend. Hat das (wesentlich kleinere) Männchen eine Partnerin gefunden, verbeißt es sich in ihr, Blutkreislauf und Gewebe verschmelzen und er wird ihr Parasit.

Um 18 Uhr wurde das Museum leider geschlossen. Die Fähre ging um 2 Uhr morgens. Vorher hast Du ein erstes Nickerchen auf dem Parkplatz des Fährterminals gehalten. Dein Bett war ja immer dabei. Das zweite Nickerchen dann auf dem Fußboden des Aufenthaltsraums der Fähre. Das war das erste Mal in Deinem Leben, dass Du an einem quasi öffentlichen Ort auf dem Fußboden geschlafen hast. Du warst allerdings nicht die einzige, die Kopfkissen und Decke aus dem Auto mitgenommen hatte. Das dritte Nickerchen gab es dann auf einem Parkplatz zwischen Picton und Nelson. Der Sonnenaufgang und der Nebel im Weinanbaugebiet morgens um 5:30 Uhr waren wunderschön.

Bald warst Du im Haus von Nicky und ihren Mitbewohnern angekommen. Nicky war bei der Jeeptour durch die Salzwüste in Bolivien dabei. Die Welt ist ein Dorf.

Fortschreitende, erinnerst Du Dich an den Jahreswechsel zu 2015?

Das Jahr 2014 war ganz besonders. Es war aufregend, entspannend, lehrreich, wunderschön und manchmal traurig und erschöpfend. Du hast einiges zurück gelassen und noch viel mehr dazu gewonnen: Neue Eindrücke, Erkenntnisse und Freundschaften. Du warst begeistert von den letzten Monaten und Du wünschtest jedem Menschen von Herzen, dass er im neuen Jahr Träume verwirklichen kann. Manchmal sind es auch nur die kleinen Schritte, aber alles ist besser als gar keine Bewegung.

Neujahr war großartig. Nicky hatte Dich zu einem Campingausflug mit ihren Freunden mitgenommen und Ihr habt in der Golden Bay in Onekaka im Mussel Inn gefeiert. Der kleine Pub braut nicht nur sein Bier selbst, es spielte auch eine afrikanische Reggae Band und mitreißend atmosphärische Rhythmen trugen Euch ins neue Jahr. Der Weg zurück zum Campingplatz führte drei Kilometer am Strand unter einem klaren Sternenhimmel entlang. Sternschnuppen und Meeresrauschen waren inklusive.

Am Neujahrstag ging es weiter zur nördlichen Spitze der Südinsel, nach Wharariki Beach, gefahren. Diese Weite war überwältigend. Es gab Seelöwen, weißen Sandstrand, kaltes Wasser und einen gemütlichen Lesenachmittag im Sonnenschein gegen den Neujahrskater.

Nach einem Stop am Farewell Spit, dem tatsächlich nördlichsten Punkt, und den Pupu Springs, der größten Quelle hier, seid Ihr Mädels nach Nelson zurück gefahren. Die Jungs sind zu einem weiteren Outdoorabenteuer geblieben. Du warst sehr dankbar, dass Du dabei sein durftest. Es war ein wirklich toller Start in das Jahr 2015 und Dein erstes Camping Anfang Januar.

Couchbewohnerin, erinnerst Du Dich an die weiteren Tage mit Nicky?

Am dritten Januar war Nickys Geburtstag zu feiern: Vormittags auf dem Markt in Nelson, nachmittags am Strand und abends in Motueka bei einem Konzert der größten Rockbands Neuseelands der 70er, 80er und 90er Jahre, den The Exponents, Dragon und The Feelers. Du kanntest keinen Song, nun warst Du Fan.

Am vierten Januar seid Nicky und Du zu einem Tagesausflug in den wunderschönen Abel Tasman Nationalpark gestartet. Mit der Fähre ging es von Motueka nach Anchorage und Ihr seid knapp 13 km zurück gewandert. Das beeindruckende Farbspiel des goldgelben Sands an hellblauem Wasser in zahllosen Buchten machte sprachlos.

Als Du Dein Auto aus der Einfahrt an die Straße umparken wolltest, sprang es nicht an. Bitte, nicht schon wieder ein kaputtes Auto! Eine Mitgliedschaft im neuseeländischen Automobilclub ist nicht an das Fahrzeug oder einen Fahrer gebunden. Und weil Du bei Nicky warst, galt ihre Mitgliedschaft auch für Dich und der gelbe Engel rettete die abgesoffenen Zündkerzen kostenlos. Wie man ein Fahrzeug mit Automatikgetriebe abwürgen kann, ist zwar rätselhaft, aber danach lief und lief und lief es, bis sich Eure Wege trennten.

Bald war Nickys Urlaub vorbei und Du hast die Couch in ihrer tollen Wohngemeinschaft aus jungen Ärzten und einem Kajak-Guide wieder verlassen. Dieses soziale, offene Wohnkonzept war toll. So möchtest Du auch mal leben, wenn Du groß bist.

Steuernde, erinnerst Du Dich an die Tage allein auf dem Weg von Nelson ins Eis?

Der erste Abschnitt Deines Road Trips allein auf der Südinsel führte zur Westküste, von Nelson über Westport bis Hokitika. 350 km in zwei Tagen. Allerdings folgen die Straßen in NZ den natürlichen Gegebenheiten, daher fährt man zeitlich lang und geografisch kurvig. Das macht das nur richtig Spaß, wenn Du selbst fährst. Ansonsten ist Dein Magen nicht reisefest. Und Du bist allein gefahren, selbst wenn Du gern Anhalter mitgenommen hättest: Dein Wagen hatte nur einen Sitz, den der Fahrerin. Beifahrersitz und Rückbank waren einem fest installierten Bett gewichen. Und einen Anhalter gleich in Dein Bett zu legen – also das ging dann doch zu weit.

Du bist mittags gestartet und warst am frühen Nachmittag in Westport. Außer Lebensmittel jagen und kochen war nichts. Gemütliches gar nichts. Am nächsten Tag bist Du morgens von Cape Foulwind zum Leuchtturm und zur Seelöwenkolonie gewandert. Es gab putzige, tollpatschige Baby Seals zu sehen und es war blutige Fütterungszeit bei Mutter Möwe.

Auf einer der schönsten Küstenstraßen der Welt ging es weiter Richtung Süden. Beim Stop am Truman Track konnte man durch den buchstäblichen (weil sehr nassen) Regenwald zur Küste spazieren. Einen weiteren Stop gab es an den Pancake Rocks in Punakaiki eingelegt. Sie sehen aus wie die Eierkuchenstapel, die Eure Haushälterin Rita in Deiner Kindheit für Euch gemacht hat. Damals habt Ihr den Stapel wie eine Torte geschnitten und es gab frisches Apfelmus dazu. Die Pancake Rocks sind aus Kalkstein, aber keiner weiß, woher die regelmäßigen Streifen kommen.

Schließlich ging es weiter bis Hokitika ins Jadezentrum. Dem grünen Stein werden von den Maori besondere Kräfte zugesprochen. Da hast Du Dir ein weiteres Schmuckstück selbst gefräst. Diesmal aus Jade und mit typisch neuseeländischen Formen. Die Spirale Koru steht für Kraft, Neuanfang,

Entwicklung; eine Delfinflosse symbolisiert Dein Erlebnis in Paihia und steht bei den Maori für das Glück beim Reisen.

Bei der Übernachtung für 6 Dollar auf dem DOC Campingplatz am Lake Mahinapua hast Du festgestellt, dass Duschen mit 1,5 Litern Wasser aus der Flasche durchaus machbar ist. Man muss sich nur schon vorher strategisch günstig einseifen.

Schneefrau, erinnerst Du Dich an Deine Wanderung auf dem Franz Josef Glacier?

Du warst im Land der Gletscher angekommen. Endlich mal Eis und Schnee. Immer nur Sommer, das hält doch keiner aus. Die erste Gletscher-Begegnung fand allerdings auf dem Wasser bei einer Kajaktour auf einem Gletschersee zum Sonnenuntergang statt.

Einer der Kajak-Guides, Mike, kam aus Kanada und war irgendwann in Neuseeland hängen geblieben. Aber er wusste nicht für wie lange, die Welt ist zu schön, um an nur einem Ort zu bleiben. Selbst wenn es der Franz Josef Glacier ist.

Fünf Minuten mit dem Heli rauffliegen, Krampen anschnallen und drei Stunden geführt auf dem Gletschereis wandern. Es war Wahnsinn. Der Gletscher ist quasi ein gefrorener Fluss mit ruhigen Anteilen, Wasserfällen und Stromschnellen. Wenn es im Laufe des Tages wärmer wird, hört man es rumpeln, manchmal brechen Eisbrocken ab und fallen, manchmal gluckert es tief unter den Füßen. Der Weg musste kontinuierlich von den Guides nachgeschlagen werden. Das Eis schmilzt und der Gletscher selbst bewegt sich durchaus für zwei Meter am Tag.

Ein paar Jahre zuvor konnte man noch zu Fuß bis zum Gletscher wandern und auf das Eis steigen. Viele liefen in normalen Turnschuhen durch den Wald zum Eisrand und wechselten erst dort zu Wanderschuhen mit Krampen. Zuletzt bewegte sich die untere Kante so schnell Richtung Tal, dass viele

Schuhe unter dem Eis verschwunden waren, als ihre Besitzer zurückkamen. Inzwischen ist der untere Teil zu gefährlich und man kommt nicht mehr zu Fuß zum Eis. Ein gutes Geschäft für die Helikoptereigner, wenn auch begrenzt, denn nach aktuellen Berechnungen ist der Gletscher in 80 Jahren geschmolzen.

Der Gletscher heißt nach Franz Joseph I., dem Kaiser von Österreich zu Zeiten des deutschen Entdeckers Julius von Haast. Der brauchte wohl noch etwas mehr Geld aus Kaisers Geldbeutel und verglich der Legende nach den Gletscher mit dessen Bart. Daher der Name ab 1865. Der Bart war aber eher ein Bärtchen im Vergleich zum Gletscher.

Der Maori-Name „Kā Roimata o Hine Hukatere" steht für eine Liebesgeschichte: Ein Mädchen aus den Bergen und ein Junge von der Küste verlieben sich. Da nicht sein kann was nicht sein darf, haben sie mit einigen Widrigkeiten zu kämpfen. Schließlich ziehen sie in die Berge und der Junge stürzt zu Tode. Das Mädchen steigt auf den höchsten Punkt, den sie erreichen kann, und weint tagelang. Die Götter schaffen ein Denkmal für die Liebe indem sie die Tränen um ihren Liebsten gefrieren lassen. Eine Wange ist der Franz Josef Glacier, die andere der Fox Glacier.

Ruhesuchende, erinnerst Du Dich an den Activity Overkill in Queenstown und die chinesischen Goldsucher in Arrowtown?

Nach dem Gletscher brauchtest Du erstmal wieder einen Strand. Nichts leichter als das: 140 km weiter zum Haast Beach. Vorne Meer, hinten Gletscher. Ziemlich einsam.

Von dort ging es weiter zum Lake Wanaka und hast den Freund einer Freundin auf einen Kaffee getroffen. Ron ist Musiker, Schotte, lebt eigentlich auf Moorea und ist inzwischen in Neuseeland sesshaft geworden. Seine Verlobte Fiona hat Dir wertvolle Routentipps mitgegeben. Aber bleiben wolltest Du in Wanaka nicht, weil es zu touristisch war.

Getoppt wurde dieser Eindruck von Queenstown. Was machen wir denn heute? Fallschirmspringen, Bungi, Jetboat, Rafting, Paragliding... Kauf drei Aktivitäten an einem Tag, Adrenalinüberdosis für 1000 NZ$ (=700 Euro) bitte. Danke. Nichts für Dich. Du hast die einsamen, oder zumindest etwas weniger touristischen Ecken vorgezogen. Und selbst dann hörte man überall Deutsch. Du hast Dich oft gefragt, ob überhaupt noch Deutsche in Deutschland übrig sind.

In Arrowtown nahe bei Queensland wurde nach Gold geschürft. Nachdem die Europäer zu diesem Drecksjob keine Lust mehr hatten, wurden Chinesen eingeladen. Die wussten meist gar nicht genau wo es hingeht, USA oder Neuseeland war beides weit weg von zu Hause. Aber sie konnten weit mehr Geld verdienen als in ihrem Bauernleben – für später. Einer von sieben kam nie wieder nach Hause zurück.

Die restaurierte chinesische Siedlung mutet ein wenig wie Hobbitland an. Auch die Höhe der Tür entspricht wohl eher einem Hobbitmaß, denn so lang bist Du nicht und der Türstock reichte Dir gerade mal bis zum Kinn. Arrowtown selbst sieht aus wie eine Westernstadt – wenn man die Autos durch Kutschen ersetzen würde.

Du bist weiter gefahren und hast es bis an die Seen zu den Fjorden des tiefen Südens geschafft. Du warst müde. Müde jede Nacht woanders zu parken, müde jeden Tag weit zu fahren. Da hast Du etwas ganz Verrücktes gemacht: zwei Nächte auf demselben Luxus-Campingplatz gebucht, zwei Nachmittage mit einem Schläfchen verbracht.

Paddelnde, erinnerst Du Dich an die Kajaktour im unzweifelhaft schönen Doubtful Sound?

Frühmorgens bist Du zu einer geführten Kajaktour mit Campingübernachtung in den Doubtful Sound gestartet. Das mag man auch touristisch nennen. Aber diese Art von sicherer, gekaufter Einsamkeit ist toll.

Ein Halbgott braucht eine Aufgabe. Gottesvater und Gottesmutter geben ihm den Südwesten Neuseelands: „Mach was draus!" Er schnitzt und schnitzt und schnitzt. Sein Bruder – zuständig für Flora und Fauna – schenkt der Region Bäume und Vögel und Delfine. Sein zweiter Bruder – zuständig für Wind und Wetter – kommt regelmäßig zu Besuch. Seine Schwester kommt und stellt fest: Es ist unglaublich schön hier. Menschen wollen die Region besuchen. Zu viele wollen bleiben. Ihr Geschenk: Die Sandfliegen.

Das ist die Maori-Geschichte zur Entstehung der Fjorde in Kurzfassung. Und es ist wahr. Es war atemberaubend schön. Im Sonnenschein war es heiß. Wenn es regnete, gab es plötzlich überall Wasserfälle die aus 1.000 Metern Höhe rieselten. Der Wind peitschte Wellen mit weißen Schaumkronen auf. Wolken und Nebel schafften eine mystische Stimmung. Die Sandfliegen waren eine Plage.

Ihr habt in den zwei Tagen Kajaktour alles erlebt: Bootfahren über den Manapouri Lake, Busfahren über den Wilmot Pass, Kajaken bei Sonne, Regen und Wind im Doubtful Sound. Es war ein großartiger Ausflug. Und sogar aufregend. Der Wind wurde bei der Rückfahrt mit 40 Knoten zu stark, um die Bucht sicher mit den Kajaks zu queren. Ihr habt es versucht, aber der Viererverband wurde immer wieder auseinander getrieben. So seid Ihr noch zu einer Fahrt auf einem Kreuzfahrtschiff gekommen, von dem Ihr gerettet wurdet. Ausrüstung und Kajaks wurden aufs Schiff verladen und Ihr wurdet trockengelegt. Auch mal schön nach einer Nacht im Zelt auf dem Campingplatz im strömenden Regen.

Ihr wart zu acht: je ein Team aus der Schweiz, den Niederlanden, Frankreich und Du. Scot, Euer Guide, musste das Kajak mit Dir teilen. Wer hat gepaddelt? Du hast gepaddelt. Ihr habt alle zusammen viel Spaß gehabt, die Landschaft genossen und beim Warten auf Rettung Montagsmaler im Sand gespielt. Es war gut, eine technisch herausfordernde Querung zu versuchen, aber auch einzusehen, dass der Wind zu stark ist und Ihr um Hilfe bitten müsst.

Abends ging es gemeinsam ins Kino zu einem Film über die Fjorde, zum Pizzaessen und zum Abschluss in eine Bar. Es war eine tolle Zeit unter Freunden.

Vogelkundlerin, erinnerst Du Dich an die Kiwi-Nacht auf Stewart Island?

Es gibt sie wirklich. Die Kiwis könnten auch eine extrem gute Marketingerfindung sein. Eine ganze Souvenirindustrie nutzt die putzigen Vögel und kaum jemand sieht sie in der Natur.

Du hast sie gesehen: auf Stewart Island, der sogenannten dritten Insel im Süden Neuseelands. In Bluff hast Du morgens um 8:40 entschieden die Fähre nach Stewart Island um 9:30 Uhr zu nehmen. Der kleine Rucksack war daher auch etwas willkürlich gepackt, aber die wichtigsten Sachen waren dabei: Regenjacke, Regenhose und Kameras.

Nach langer Zeit allein im Auto hast Du zum ersten Mal wieder in einem Hostel gewohnt. Weniger Privatsphäre, mehr Kontakte. So warst Du mit Steffen aus Dänemark, Mattias aus Schweden und Chris aus den USA schick Essen, auf Nachtwanderung, Ihr habt Maumau gespielt und gequatscht.

Es gibt eine Menge Vögel hier, da es wenig natürliche Feinde gibt. Das offizielle Projekt, die Jäger von Vögeln und ihren Eiern auf der Insel auszurotten, war ziemlich erfolgreich. Bis heute gelten strenge Bestimmungen für Haustiere und ein Hund, der Vögel jagt, wird des Ei-Lands verwiesen.

Man kann alle möglichen Arten von Seevögeln inklusive blauen Pinguinen im Handtaschenformat (mit bis 20 cm Höhe die kleinsten der Welt) und sogar den Kaka, eine Papageienart, beobachten. Und man kann versuchen, Kiwis zufällig über den Weg zu laufen. Gar nicht so einfach – Ihr habt es redlich bei Tag und Nacht versucht.

Für eine Nacht hast Du Dir schließlich eine geführte Kiwi-Spotting-Tour an einem abgelegenen Strand gegönnt: 45 Minuten Bootsfahrt, 30 Minuten Buschwanderung, und dann am Strand Kiwis gucken. Der Braune Kiwi hier ist die größte von fünf Arten in Neuseeland. Das Weibchen wiegt um die vier Kilo und wird 60 cm groß, das ist bei Dir weit mehr als Kniehöhe. Ein ziemlicher Brocken also. Das Ei macht ein Fünftel ihres Körpergewichts aus. Und sie legt zwei davon im Jahr. Im Unterschied zu den Kiwis auf den anderen Inseln ziehen die Braunen Kiwis hier ihre Jungen gemeinsam auf und bleiben auch später im Familienverband. Auf dem Festland dagegen legt sie das Ei, haut ab und er kümmert sich allein um die Brut. Hier lebt ein Kiwipaar monogam und kann bis zu dreißig Jahre lang Junge bekommen, allerdings nur ein bis zwei pro Jahr. Ein Kiwi-Küken ist komplett fertig und ausgebildet wenn es schlüpft. Kiwis haben keinen Schwanz, riesige Füße und nur rudimentäre Flügel. Eine ziemlich witzige Konstruktion.

Du warst sehr ergriffen, als Ihr endlich das erste Kiwiweibchen gesehen habt. Sie hat sich nicht stören lassen und im Sand nach Würmern, Krabben und Käfern gebuddelt. 15 cm Schnabel verschwanden dabei im lockeren Sand. Sowas von putzig. Da blieb nur, ganz still im Sand zu hocken, zuzuschauen und zu genießen.

Kliff-Camperin, erinnerst Du Dich an Deinen Parkplatz in luftiger Höhe im tiefsten Süden?

Von Cape Reigna bis Bluff beschreibt die Nord-Süd-Querung Neuseelands. Dabei ist der südlichste Punkt der Südinsel „Slope Point". Kein schicker Leuchtturm wie hoch im Norden, dafür ein netter Spaziergang über eine Schafwiese.

In den Catlins, der Region im südlichen Süden zwischen Invercargill und Dunedin, gibt es traumhafte Strände, Höhlen und Wasserfälle zu besuchen. In der Curio Bay bist Du mit Hector Delfinen geschwommen: Mit Neoprenanzug und Bodyboard an der Oberfläche, drei Delfine unter Dir und um Dich herum. Eine irre Erfahrung!

Im Petrified Forrest nebenan gibt es einen versteinerten Wald zu sehen, seit 170 Millionen Jahren. Zwischen 19 und 21 Uhr machten die erwachsenen Gelbaugenpinguine Feierabend und kommen nach Hause an Land um ihre Küken zu füttern. So ein Küken erscheint größer als die Alten. Weil es so fluffig und flauschig aufgeplustert ist. Du hoffst, dass sie alle groß und stark werden und wieder kommen, denn die Gelbaugenpinguine sind vom Aussterben bedroht.

Auf dem Plateau zwischen den Buchten kann man Campen. Maximale Aussicht bei Tag und Nacht. Tags ging ein Paraglider auf Tour. So nah warst Du noch nie dran. Nachts konnte man einen unglaublichen Sternenhimmel sehen und fotografieren.

Lustig war es, als ein Auto auftauchte und sich so nah an den Bus von Thomas, Deinem bayrischen Nachbarn, stellte, dass die Insassen kaum aussteigen konnten. Nicht, dass da kein Platz rundum gewesen wäre, denn außer Euch campte niemand in luftiger Höhe. Die beiden stellten sich als ehemalige Anhalter von Thomas heraus. Es war ein lustiger Abend mit Thomas, Rebecca und Simon.

Autohändlerin, erinnerst Du Dich an Deinen ersten Verkaufserfolg?

Du fuhrst seit Tagen mit Verkaufsschildern an den Rückfenstern im Auto. Auf der Internet-Kleinanzeigen-Plattform Gumtree lief eine Anzeige, Du hast in Facebook-Gruppen für Christchurch inseriert und jeden Menschen in Deiner Nähe angesprochen, ob er Dein Zuhause kaufen möchte. Auch auf dem Gebrauchtwagenmarkt für Backpacker in Christchurch bist Du aufgelaufen und hast die anderen interviewt. Die meisten fanden das Auto super, aber allein wohnen wollte keiner und erst recht kein Geld bezahlen.

Langsam aber sicher kamst Du in dieselbe Bredouille wie viele andere Backpacker, die am Ende einer tollen Rundreise ein Fahrzeug zu viel haben und deren Budget einen guten Verkaufspreis dringend brauchen kann. Meist wird der Preis bis unter die Schmerzgrenze reduziert, um das Auto vor Abflug loszuwerden.

Dein Zuhause auf Rädern kam mit einiger Sonderausstattung, wie einem Bett, einer Campingausrüstung und einem sehr niedrigen Kilometerstand von 132.000 km. Letzterer sollte für immer so bleiben, da der Zähler nicht mehr lief. Das alles war ganz wundervoll und es gab auch die Möglichkeit, irgendwann wieder ein ganz normales Auto mit allen Sitzen daraus zu machen, denn diese waren immer noch bei Ken in Auckland. Käufer mit europäischem Konto könnten Dir das Geld sogar in Euro überweisen und Ihr würdet beide Gebühren sparen. So hast du Dir zunächst keine Sorgen gemacht und wolltest als weiteres Kaufargument neuen TÜV machen lassen.

Die dicke Überraschung folgte: Den TÜV (in Neuseeland WoF = Warranty of Fitness) bekommt man nur mit Sitzen, denn bei der Prüfung müssen die Gurte auf Funktionsfähigkeit geprüft werden und der Beifahrer muss eine Kopfstütze haben. Dein Auto hatte aber gar keine Sitze außer dem Fahrersitz, also keine Kopfstütze oder Gurtschnallen – kein Gurttest, kein neuer WoF. Ohne aktuellen WoF kauft kein vernünftiger Mensch ein Auto. Die nun wirklich notwendigen Sitze waren in Auckland, der Transport sollte gut 300 Dollar kosten.

Wo findet man einen Käufer, der sich auf das Sitze-WoF-Thema einlässt? Das hat Dir ganz schön Kopfzerbrechen beschert. Aber am Ende ist alles mal wieder gut ausgegangen.

Zwei Reisende aus Erfurt haben Dein Auto gekauft. Ihr habt im selben Hostel gewohnt und auch sie hattest Du im Vorbeigehen auf dem Flur angesprochen. Ersatzsitze hast Du – mit lokaler Hilfe – für 60 Dollar vom Schrottplatz besorgt. Das war einiges schneller und zuverlässiger als eine Frachtsendung von der Nordinsel zu schicken. Damit war klar, dass sie den technischen Check bestehen werden. Die Originalsitze konnten sich die beiden in ein paar Monaten in Auckland persönlich bei Ken abholen. Also wie immer in Neuseeland: No worries, all good.

Aufgerüttelte, erinnerst Du Dich an Deinen Besuch in Christchurch, der Erdbebenstadt?

Du hast in den Wochen in Neuseeland zwei Erdbeben bewusst mitbekommen. In beiden Fällen lagst Du flach im Auto und die Stoßdämpfer haben das Wackeln wahrscheinlich noch verstärkt. Das war unangenehm, aber nicht bedrohlich.

In Christchurch haben zwei Erdbeben kurz aufeinander folgend 2010 und 2011 insgesamt 185 Menschenleben gefordert und die Stadt zerstört. Die Stadt befand sich jetzt auch fünf bzw. vier Jahre später immer noch im Aufbau. Das war tragisch und spannend zugleich. Viel könnte schneller gehen, scheitert aber an der Uneinigkeit, wie denn das neue Christchurch aussehen soll. Pläne werden kontinuierlich gemacht und verworfen.

Einige Ecken beim Stadtrundgang waren leer oder neu und bunt. Beeindruckend war das Einkaufsareal Re.Start aus bunten Schiffscontainern. Die Zerstörung durch die Naturgewalt war in der „City that rocks" sehr präsent, wie bei der Ruine der Kathedrale oder dem Fundament des ehemals höchsten Gebäudes der Stadt, das nun mehr an einen Swimmingpool erinnert. Aber die Menschen nutzten auch die Chance zu einem Neuanfang in der Gestaltung einer Stadt und es war eine besondere Atmosphäre des Aufbruchs zu spüren.

Die Tränen sind Dir bei dem Mahnmal der 185 weißen Stühle bei der Vorstellung der 185 Menschen, die beim zweiten Erdbeben starben, in die Augen gestiegen. Die Stühle repräsentierten deren Lebenssituation von Kinderwagen,

Hochsitz, Bürostuhl, Lesesessel bis Rollstuhl. Herzlich gelacht hast Du bei der halbnackten Artistik-Show der English Gents beim Zirkusfestival. Eine emotionale Achterbahn am selben Nachmittag.

Bei dem geführten Stadtrundgang war auch Kate aus Perth, Australien, dabei. Sie war mit ihrem Cousin bei einer Hochzeit in Queenstown eingeladen und durch Zufall bei der Führung gelandet. Natürlich hast Du sie später in Perth wieder getroffen.

Die letzten Tage in Christchurch hast Du bei Kerry, Gareth und ihren drei Söhnen Max, Thomas und Jack verbracht. Kerry war die Brieffreundin der Zwillingsschwester von Deiner Freundin Monika, mit der Du in den USA gereist bist. Die Welt ist wirklich ein Dorf. Kerry und ihr Mann Gareth stammten ursprünglich aus England und waren vor einigen Jahren nach Neuseeland ausgewandert. Als sie hörten, dass Du als Freundin von der Schwester der Brieffreundin in der Nähe bist, haben sie Dich in Ihr Familienleben eingeladen. Der fünfjährige Jack hat Dir sein Zimmer überlassen. Mit Max und Gareth hast Du eine Höhlentour in unterirdischem Wasserlauf machen dürfen und Du warst Zeuge eines Fußball-Turniers der Jungs. Danach haben sie Dich zum Flughafen gebracht. Dein Flug ging nach Melbourne in Australien.

Lass Dich mal treiben!

Ninety Mile Beach, Sea Spray, Australien, 2015

Australien – In den Tag hinein leben

Du stehst auf, wenn die Sonne aufs Zelt scheint, baust es ab und fährst los, wenn Du mit dem Frühstück fertig bist. Du fährst in die Richtung, die Dir in diesem Moment gut erscheint. Du hältst an, wo es Dir gefällt. Du isst, was es dann zu kaufen gibt, wenn Du Hunger hast oder stoppst auf einem Parkplatz, packst den Gaskocher aus und brutzelst ein paar Bratkartoffeln. Du stoppst kurz vor Einbruch der Dunkelheit, baust Dein Zelt auf, schreibst auf was Du erlebt hast, quatschst vielleicht noch mit den Nachbarn und gehst schlafen, wenn Du müde bist.

Ein typischer Tag bei Deinem Roadtrip in Australien, als Du einfach nur in den Tag hinein gelebt hast.

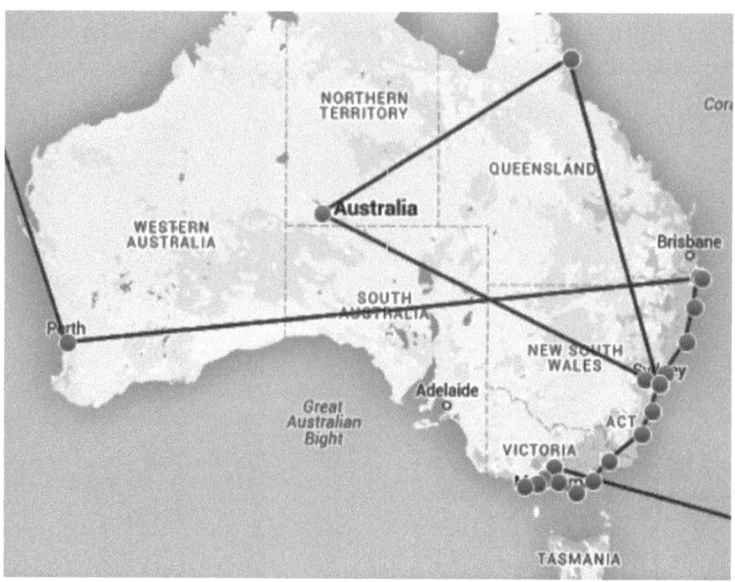

Es gab keine Pläne, die Du nicht einhältst. Kein Gefühl etwas zu verpassen, wenn Du Dich spontan entscheidest. Du warst reduziert auf die ganz grundsätzlichen Bedürfnisse von leckerem Essen, sicherem Schlafen und hin und wieder einer warmen

Dusche. Du wusstest morgens nicht, wo Du abends Dein Zelt aufschlagen würdest.

Das Leben im Fluss, Zeit als relative Größe, davon hast Du in Neuseeland von Maoris gehört. Das Wasser fließt halt so schnell, wie es fließt und Du kommst an, wenn Du ankommst. Der Dir anerzogene Begriff von Zeit und Pünktlichkeit wurde bei dieser Sichtweise absurd. In Afrika gibt es ein Sprichwort, das sagt „Gott gab den Weißen die Uhr und den Schwarzen die Zeit." Besser oder schlechter? Zumindest anders, aber schwer ohne Konflikte zu vereinen.

Für einige Wochen war das Leben in den Tag hinein die große Freiheit. Du warst aktiv, sehr sogar, aber in Deinem ganz eigenen Tempo. Und irgendwann kam von ganz allein der Moment, ab dem Du bereit warst, wieder an ein sesshaftes Leben mit längerfristigen Plänen zu denken, ohne Dich schon von dem Gedanken eingeschränkt zu fühlen und Dich auch wieder an den europäischen Zeitbegriff zu halten.

Bilder aus Australien? Hier:

http://geilereise.net/weltreise/das-buch/australien/

Familie

bleibt

Familie

Three Sisters, Blue Mountains bei Katoomba, Australien, 2015

Australien – Familie bleibt

Deine Familie ist Dein Rückhalt, Deine Wurzeln und der Ort, wohin Du immer zurück kannst. Bedingungslos. Das ist ein Privileg. Eure Nähe war nicht immer so intensiv. Das gehört wohl zum Erwachsenwerden dazu.

Zu Weihnachten hast Du sie ganz besonders vermisst. Zum Glück war es dann nicht mehr so lang, bis Deine Eltern nach Australien kommen sollten.

Es ist auch eine bestimmte Atmosphäre in den meisten Familien, die Dich durchatmen lässt. Es ist der Alltag in einem sozialen Gefüge aus Menschen, die langfristig aneinander gebunden sind. Füreinander sorgen, miteinander essen, Verpflichtungen erfüllen und Freizeit gestalten. Es ist die Art des Zusammenlebens, die sich über einen sehr langen Zeitraum entwickelt hat und das offene Ausleben und Akzeptieren von Eigenheiten der Familienmitglieder.

Das hast Du zum Teil mit Deinen Freundinnen erleben können, die Dich besucht haben. Aber selbst die Mädels kennst Du nicht Dein Leben lang. Der Verband aus Reisenden, der sich in Hostels bildet, bildet nur ein zu Hause auf Zeit. Deine Familie bleibt. Und Ihr bleibt Familie.

Als Deine Eltern nach Hause geflogen waren, hast Du Dir eine Gastfamilie gesucht, um noch für ein wenig mehr Zeit in einer Gruppe zu sein, die nicht aus Reisenden besteht.

Känguru-Flüsterin, erinnerst Du Dich an Deine Tour auf der Great Ocean Road?

Nach ein paar faulen Tagen in Melbourne mit erstaunlich kalten Temperaturen, einem beeindruckenden Museum, einem Strandtag im Stadtteil St Kilda, Public Viewing der Australian Open und einer Tour zu versteckten Ecken mit Streetart hast Du Dich auf den Weg zum nächsten Road Trip gemacht.

Die Great Ocean Road windet sich für 255 km von Torquay bis Warrnambool. Ihr Bau wurde nach dem zweiten Weltkrieg begonnen, als man die (körperlich) gesunden Heimkehrer beschäftigen musste, damit sie an ihren Erinnerungen und Langeweile nicht zerbrechen – ein beeindruckendes Menschenwerk und eine kluge Psycho-Idee.

Du bist zunächst von Melbourne nach Torquay gefahren und dort in einem Hostel untergekommen. Warum hast Du nicht gleich gecampt? In der Ecke war das Hostelbett billiger als der Campingplatz und in einem Holiday Park zwischen riesigen Wohnmobilen mochtest Du Dein Zelt auch nicht so gern aufschlagen. Außerdem war Deine Ausrüstung noch nicht vollständig. Im Kofferraum lagen bisher nur Zelt, selbstaufblasende Schlafmatte und ein Gaskocher.

In Deutschland hattest Du vor Deiner Abreise vieles an die Caritas gespendet, nun warst Du selbst bei der Heilsarmee in Torquay shoppen. Die Damen dort haben Dich bei der Auswahl von Besteck, Tellern, Tassen, Topf und Pfanne, Matratzenunterlage und Kissenfüllung unterstützt und ein Tablett als Tischersatz wurde Dir auch verkauft. Sie haben einen guten Preis gemacht und Dich mal richtig gedrückt. Das hat gut getan.

In Anglesea hast Du Mittagsstopp gemacht und Dich mit einer riesigen Portion Fish'n'Chips an den Tisch von Mareike und ihrem Mann Graham gesetzt. Mareike wurde in Holland geboren und lebte seit 59 Jahren in Australien. Sie hatte noch Familie in Europa, die hin und wieder mal zu Besuch kommen. Die beiden haben spontan beschlossen, Dir die Kängurus auf dem Golfplatz zu zeigen und Dich kurzerhand mitgenommen. Allerdings haben die Tiere gerade Siesta gehalten. Und nein, man muss als Golfer keine Strafe zahlen, wenn man ein Beuteltier trifft. Die nehmen das wohl eher locker und gucken nur strafend.

Du hattest ein neues Zuhause. Beim ersten Aufstellen des Pop-Up-Zelts hast Du vor Überraschung gequietscht, so schnell flog das in Form. Das hat aber nur das Känguru hinter Dir gehört und es hat sich nicht stören lassen. Seine Mama auch nicht. War ja auch kein anderer Mensch auf dem Fußgänger-Campingplatz im Wald, nur viele Vögel. Der lauteste war der Cookabarra.

Die zweite Nacht auf der Tour auf der Great Ocean Road war laut. Tierisch laut. Irgendwann wurdest Du nochmal wach, weil jemand gegen das Zelt getrampelt ist. Doof, als Känguru kann man nämlich nicht rückwärts gehen. Da ist so ein Zelt halt mal im Weg beim Grasen – und Du hast nach dem Schreck die Zupft- und Kaugeräusche gehört.

Morgens hatten die Viecher dann erst recht etwas zu lachen, als Du versucht hast, das Zelt gegen seinen ausdrücklichen Willen zurück in seine runde Stapelform zu zwingen. Es war ein langer schmutziger Kampf, aber das Monster wurde bezwungen. Über die Zeit bist Du wesentlich besser im Zelt-Judo geworden.

Für ein stärkendes Frühstück ging es zum nächsten Picknickplatz im Wald. Dort ist Dir eine internationale Wandertruppe der Vereinigung „Bruno Groening Circle of Friends" über den Weg gelaufen. Ihre Lebenshaltung hat viel mit positivem Denken und unerwarteter Heilung zu tun. Ihr habt Euch großartig unterhalten und schließlich sogar zusammen gesungen: „Bruder Jacob" im Kanon; mitten im Wald. Wer Dich besser kennt, weiß, dass Du sehr gern aber überhaupt nicht schön singst. Qualität war hier aber egal und es hat viel Spaß gemacht. Diesmal hast Du nach einer Umarmung gefragt.

Schreien Koalas in der Nacht? Dann hast Du sie gehört, während sie von Baum zu Baum geschwungen sind. Sehen konntest Du das Schauspiel nicht. Später bist Du zum Kennett River gefahren. Der Wald oberhalb des Flusses verströmt einen intensiven Eukalyptusgeruch und wenn man genau hinschaut, sieht die man die flauschigen Gesellen mit dem stechenden Blick in den Astgabeln hocken.

Auf dem Weg gibt es den einen oder anderen Leuchtturm und natürlich die Sandsteinformation „Twelve Apostels" zu bestaunen. Die Straße selbst ist eine Wucht und das Fahren machte Spaß. Vor allem, da Du in Sachen Fahrzeug ein echtes Upgrade erfahren hattest: Der Leihwagen für die nächsten Wochen war ein nagelneuer Corolla mit allem Zip und Zap; vor allem spritzig im Anzug und sparsam im Verbrauch. Ganz was Feines! Das hattest Du bei der Buchung nicht so erwartet, aber gerne genommen.

Die dritte Nacht hast Du in Princetown auf einem Campingplatz verbracht. Es hat so gestürmt, dass Du Dein Zelt in der Hoffnung auf etwas Windschatten ganz, ganz nah ans Auto platziert hast.

Du bist die Great Ocean Road nicht ganz bis zum Ende gefahren, sondern hast lieber eine extra Schleife durch Beech Forest gedreht. Der Wald dort ist eine ganz andere Welt im Vergleich zur Küstenstraße. Kühl und wunderschön. Und Du hattest eine Verabredung in Melbourne, zu der Du nicht zu spät kommen wolltest.

Alleinreisende, erinnerst Du Dich an Deine Suche nach Mitfahrern?

Zum ersten Mal hattest Du Platz in Deinem Vehikel für Mitfahrer. Zum ersten Mal hast Du eine Anzeige im Mitfahrerforum von Gumtree geschaltet: „Menschen zum Mitreisen gesucht" – Erfahren in Road Trips, muss Camping mögen, entspannt und weltoffen sein und vorzugsweise über 25 Jahre alt. Du bewunderst die jungen Hüpfer aus Europa, die nach dem Abi nach Australien gehen, Du wolltest aber auch gern mal

Reisende näher an Deinem Alter kennenlernen.

Von Anfang an: Hila war in Australien, die Reisende, mit der Du in Tahiti auf dem Boot warst und die Du in Neuseeland im Van mitgenommen hast. Ihr habt Euch in Melbourne verabredet. Für die Tour auf der Great Ocean Road hatte sie keine Zeit, aber später vielleicht. Also war das Angebot in Deiner Anzeige ein Road Trip Melbourne – Great Ocean Road – Melbourne – Sydney. Die Anzeige erschien sehr kurzfristig, trotzdem haben sich einige Menschen gemeldet.

Die verrückteste Antwort kam von Brett, einem australischen Farmer, der auf Goldsuche war und Dir einen Platz in seinem Wohnwagen angeboten hat. Du bräuchtest nur Deine Kleidung (immerhin das). Du hast geantwortet, dass Du selbst ein Auto hast und Mitfahrer suchst, um Benzin, Essen und Geschichten zu teilen. Da hat er Dir auch noch die Hälfte des Goldes angeboten, das er (vielleicht) finden wird. Hmmm. Kurz nachgedacht und dankend abgelehnt.

Ein Franzose wollte erst ab Melbourne zusteigen.

Eine weitere Antwort kam von einem Deutschen, Mitte dreißig, erfahren in Road Trips und fein mit Camping. Soweit die schriftliche Info. Prima. Beim „Schnupper-Kaffee" (Du wolltest ja nicht irgendwen unbesehen für ein paar Tage mitnehmen) war seine erste Frage: „Können wir in ein Cafe gehen, wo das NFL Spiel gezeigt wird?" Die zweite: „Wie hast du das mit dem deutschen Arbeitsamt geregelt?". Frage drei: „Wie geht es dir so mit dem Reisen? Manchmal wird man ja auch mit sich selbst konfrontiert." Das ganze Gespräch drehte sich um viele Probleme mit dem ehemaligen Job, beim Reisen und der Selbstfindung. Ganz ehrlich: das war Dir zu anstrengend, denn Du hast jeden Moment dieser großen Chance genossen. Vielleicht passte ihm Deine Einstellung auch nicht, denn er wollte dann auch nicht mehr so richtig mit: „Kannst dich ja nochmal melden, wenn du wieder in Melbourne bist, vielleicht bin ich noch hier und komme dann mit nach Sydney". Dann wart Ihr Euch zumindest in diesem Punkt einig: Du bist lieber weiter allein gefahren, als deutsches Problembewusstsein zu pflegen. Und er war nicht der erste deutsche Mann in Deinem Alter, der Dir auf Reisen begegnet ist und das Lachen verloren hatte. Du hast ihnen von Herzen gewünscht, dass sie es wieder finden mögen.

Mit Hila hast Du Dich nach Deiner Rückkehr in Melbourne getroffen. Die Wiedersehensfreude war groß. Und dann habt Ihr verzweifelt versucht, Eure Reisepläne aneinander anzupassen. Leider erfolglos, denn sie musste nach Brisbane und Du hattest in einer Woche eine wichtige Verabredung in Sydney. Sie musste außerdem noch einiges in Melbourne erledigen und Du wolltest nicht 1000 km bis Sydney in einem Rutsch durchfahren. So seid Ihr weiter in Eurem jeweiligen Tempo gereist und freut Euch darauf, dass sich Eure Wege wieder kreuzen werden.

Ihr habt so lange überlegt, dass Du um 23 Uhr immer noch nicht wusstest, wo Du schlafen solltest. Der Schlafplatz bei Hilas Freunden war nicht mehr, da diese am selben Tag vom Vermieter auf die Straße gesetzt wurden (Miete zahlen hätte geholfen). Auf dem Land wäre das kein Problem gewesen, da findet sich immer eine Campingmöglichkeit. Aber Dein Zelt allein am Stadtstrand aufstellen – so cool warst Du dann auch nicht.

Du hast telefonisch das letzte Bett in Deinem ehemaligen Hostel ergattert. Leider hat dann noch das Navi gesponnen und Du bist fast eine Stunde durch Melbournes Nacht gekurvt. Und wie das in Mehrbettzimmern so ist: Finde mal Deine Schlafstatt im Dunkeln. Acht Einzelbetten, eins bereits doppelt belegt und alle anderen sahen mindestens besetzt aus, weil die Decken zerwühlt waren. Endlich hast Du ein leeres gefunden und Dich hinein gelegt und da niemand zum Kuscheln kam, war es wohl frei. Zumindest hast Du prima geschlafen und warst für das nächste Abenteuer ausgeruht.

Planlose, erinnerst Du Dich, wie Du von Melbourne nach Sydney gefahren bist?

Du warst wieder unterwegs. Allein, weil der Franzose sich berechtigt eine andere Mitfahrgelegenheit gesucht hat; Du hattest auf Hila gehofft und ihm nicht fest zugesagt.

Zunächst wolltest Du einfach nur raus aus der Stadt. Du warst enttäuscht, dass Du wieder allein weiter fahren würdest. Und Du hattest keine Ahnung, was Dich auf dem Weg von Melbourne nach Sydney erwarten würde. Klar war, dass diese Route nicht zu den Must-Sees eines Road Trips in Australien gehört. Aber es kommt wie immer drauf an, was Du draus machst.

Es boten sich verschiedene Varianten an. Alle lagen um 1000 km Länge, nur die erlaubte Geschwindigkeit von immerhin bis zu stolzen 100 km/h machte einen Zeitunterschied von insgesamt fünf Stunden aus. Zeit war nicht das Problem, also bist Du der langen Küstenroute gefolgt. Du warst mal wieder ohne schriftlichen Reiseführer unterwegs. Wie in Neuseeland machten die lokalen Infozentren diesen auch überflüssig. Hier hast Du Dir Tag für Tag die Lieblingsorte und besten Campingmöglichkeiten von heimatverliebten Ortskundigen beschreiben lassen.

Du hast meist nah am Strand hinter der Düne oder im Wald gecampt, einmal kostenlos neben dem Gemeindezentrum, einmal auf einer Farm. Einmal wurdest Du gefragt, ob Du Angst hättest, allein zu campen. Nein, hattest Du nicht. Weil Du Dich auf offiziellen Campingmöglichkeiten aufgehalten hast und weil Du Dir Deinen Platz mit offenen Augen ausgesucht hast. Wenn sich mal etwas komisch anfühlte warst Du weg. Nur einmal bist Du beklaut worden: Dein Deo (und nur das) verschwandt aus Deinem Kulturbeutel im Gemeinschaftsbad. Wie verzweifelt muss sie bitteschön gewesen sein? Da hast Du der Umwelt wohl einen Gefallen getan – und Dir hast Du auch ein neues Deo gekauft.

Ortsunkundige, erinnerst Du Dich, was Du zwischen Melbourne und Sydney alles gesehen hast?

Es waren 1054 km Route in einer Woche. Zunächst ging es nach Phillip Island, eigentlich berühmt für seine (kostenpflichtige) Pinguinparade. Du hast den Surfstrand abgecheckt und die Entenparade vor Deinem Zelt bewundert.

In San Remo war die jährliche Channel Challenge: Laufen und Schwimmen zwischen Festland und Phillip Island. Du hast das zugehörige Schützenfest besucht und ein Pelikan-Selfie geschossen. Die Vögel waren größer als gedacht.

In Inverloch hast Du einen Artikel für Deinen Blog mit sandigen Strandfüßen, abgeschnittener Jeans und Labbershirt im sehr schicken Cafe eines Luxusresorts zwischen Ladies in Cocktailkleidchen und Herren mit Hemd und Krawatte geschrieben.

In Yanakie gab es nichts – außer dem Gemeindezentrum wo man kostenlos campen durfte und wo besoffene deutsche Backpacker in der Nacht rumkrakelten. Dort hast Du den Deutschen und den Franzosen wieder getroffen, sie waren im selben Auto unterwegs. Zufälle gibt's.

Im Nationalpark Wilsons Promotory hast Du einen wunderschönen Pfad von Bucht zu Bucht erwandert. Die spannenden Bergpfade waren leider wolkenverhangen.

Am Ninety Mile Beach bei Seaspray hast Du hinter einer Düne gecampt, bei Meeresrauschen geträumt und einen leckeren Morgenkaffee am Strand genossen.

Von Paynesville bist Du mit der kostenlosen Fähre nach Raymond Island übergesetzt und dem Koalapfad gefolgt. In den 50er Jahren wurde eine Gruppe Beutelbären hier ausgesetzt und sie vermehren sich seither prächtig.

Landeinwärts ging es bis Buchan und gerade rechtzeitig zur letzten Führung in der Royal Cave. Die beeindruckende Tropfsteinhöhle hat heute genauso viele Besucher wie in den

1920er Jahren. Ist das gut oder schlecht? Es ist eine der wenigen Besucherhöhle, in der man fotografieren darf. Eine wunderschöne Höhle mit unglaublich gut erhaltenen Stalaktiten und Stalagmiten. Was ist was? Ganz einfach: Titen hängen.

Zurück ging es zur Küstenstraße und nach Narooma. Es gab Meeresrauschen im Hintergrund und einen lustigen Nachbarn: Ein Schnabelligel der wie das Platypus (=Schnabeltier) Eier legt. Von hier waren es noch 450 km bis Sydney.

In Mogo gibt es eine nachgebaute Stadt aus Zeiten des Goldrauschs mit spannender Führung. Goldwaschen ist offenbar eine Kunst, die Du nicht wirklich gut beherrschst. Aber immerhin konntest Du ein paar Goldflitter aus dem Dreck waschen. Die hast Du an Deinen selbstgefrästen Jadeanhänger aus Neuseeland geklebt. Dann war es auch gar nicht mehr so schlimm, dass die eine Seite der Delfinflosse etwas abgebrochen war, denn genau die Stelle wurde australisch vergoldet.

Zuletzt hast Du im Boogaree Nationalpark übernachtet und bist die restlichen 200 km durchgefahren.

Du hast Dich in Sydney mit Bridget getroffen. Sie war eine Freundin von Nicky aus Nelson und ebenfalls in Eurem Jeep in der Uyuni Salzwüste in Bolivien. Mal wieder zeigte sich: Die Welt ist ein Dorf.

Tochter, erinnerst Du Dich an den Besuch Deiner Eltern?

Deine Eltern haben Dich in Australien besucht. Innerhalb von zwei Wochen hast Du mit ihnen Sydney, das Great Barrier Reef und Uluru (alias Ayers Rock, umbenannt 1985 nach der Rückgabe des Landes an die Ananu) besucht und Urlaub von Backpacking, Camping und Bloggen gemacht.

Sydney war chinesisch dekoriert. An der Harbourbridge stand eine Laternenkriegerarmee, überall gab es Events. Warum? Es stand das Chinesische Neujahrsfest bevor. Das Jahr des Schafes würde nun anbrechen. Ob Schafe brechen können (Pferde schließlich nicht), weißt Du bis heute nicht, aber dazu später.

Nach einem mehrtägigen Sightseeingtrip zu Lande und zu Wasser seid Ihr nach Cairns geflogen und in das nächste Apartment eingezogen. Wie in Sydney habt Ihr eine schicke kleine Wohnung gehabt und Euch selbst bekocht. Familienleben mit Muttern und Vattern.

Ihr habt Euch am Pool entspannt und das Meer vom Strand aus bewundert. Schnappi das Krokodil und seine Freunde, die Killerquallen, machten es unmöglich, sicher in die Brandung zu tauchen. Ein Schutznetz der Lebensretter wurde erst am Ende Eures Aufenthalts ins Wasser gelassen, Schnappi damit ausgesperrt und seine Quallenfreunde wahrscheinlich durch das Netz zu Würfelquallen geviertelt.

Ihr habt einige Ausflüge gemacht: Mit dem nostalgischen Zug ging es in den Regenwald um Kuranga, mit der Seilbahn wieder raus, quasi Brockenbahn rauf und Wurmbergseilbahn runter, nur zwischen Eukalyptusbäumen.

Auf Green Island habt Ihr Euch wie in Shanghai gefühlt. Inmitten von Chinesen seid Ihr dort am Inner Barrier Reef geschnorchelt.

Auf dem Weg zum Outer Barrier Reef habt Ihr um Euch das große chinesische Kotzerama erlebt. Das ganze Boot war voller hellgelber Gesichter (bildlich gesprochen). Den Stunt des Jahrzehnts hat ein junger Mann hingelegt, der beim Versuch die Toilette zu erreichen, auf seiner selbst gelegten Spur einen Fallrückzieher gemacht hat. Da schwankte das ohnehin schaukelnde Publikum zwischen Mitleid, Fremdschämen und Belustigung – die Szene inklusive Tonspur wirst Du wohl nie vergessen.

Und natürlich seid Ihr am Riff geschnorchelt, Papa sogar richtig getaucht. Du hast mal wieder einen Versuch gemacht, aber Dein Gehirn glaubt nicht, dass man unter Wasser atmen kann. Scuba ist offenbar nichts für Dich. So oder so besehen ist Nemos Unterwasserlandschaft wunderschön!

Weiter ging es zum Uluru (alias Ayers Rock). Ja, auch in dieser Wüste kann es regnen. Und der Sonnenaufgang und -untergang verschwanden hinter Wolken. Dafür war es nicht ganz unerträglich heiß und man konnte sich die Tanzshow der Aborigines im Resort anschauen. Die Haut der Tänzer war ausgesprochen blass. Das lag wohl daran, dass die Aborigines eigentlich nicht so viel mit dem modernen System und Touristen im Besonderen zu tun haben wollen. Das ist umso besser nachzuvollziehen, als dass Touristen weiterhin auf den Uluru steigen, obwohl das Volk der Ananu ausdrücklich darum bittet, nicht auf ihrem Heiligtum herumzuspazieren.

Insgesamt regt die Haltung gegenüber den Ureinwohnern zum Nachdenken an: Als Ihr mit einem Touribus zum Sonnenuntergangsbetrachtungsplatz gebracht wurdet, gab es folgende Ansage vom Busfahrer (Zitat): „1. Wundern sie sich nicht über den Körpergeruch, den Aborigines wird zwar fließend Wasser in ihren Unterkünften zur Verfügung gestellt aber sie wissen hinsichtlich Körperpflege nichts damit anzufangen. 2. Die Frauen möchten Ihnen ihre Kunst verkaufen und sitzen auf dem Boden. Bitte beugen Sie sich herab, aber wundern Sie sich nicht, wenn Ihnen nicht in die Augen geschaut wird. Das gilt als aggressiv. 3. Fotografieren Sie sie nicht. Ich habe gesehen, wie Touristen verfolgt wurden, Kameras weggenommen und Bilder gelöscht wurden. 4. Geben Sie den Aborigines keinen Alkohol, das ist gesetzlich verboten.“

Die Geschichten der so genannten Traumzeit handeln eigentlich von der Idee der Entstehung der Umgebung. Daher sprechen die Aborigines von der Kreationszeit. Nicht-Aborigines würden zum Beispiel die stellenweise grüne Oberfläche am Uluru als Moos beschreiben, die Kreationsgeschichte dazu erzählt von einem Blauzungenskink, der den Vogelmenschen ihr Emufleisch geklaut und gelogen hat, dabei erwischt wurde, dann aus seinem Versteck ausgeräuchert wurde und dabei seine Haut verloren hat. Diese Haut ist das Grüne am Stein. Die Moral ist klar und eigentlich eine Fabel für Kinder. Mehr hast Du nicht erfahren. An den komplexen Geschichten für Erwachsene dürfen Nicht-Aborigines nicht teilhaben. Die Traditionen und die Lebensweise sind dieselben wie vor 20.000 Jahren. Gut oder schlecht? Anders.

Von Ayers Rock seid Ihr zurück nach Sydney geflogen und habt noch flugs ein neues Tablet für Dich gekauft, denn Deins hatte pünktlich zum Urlaub vom Bloggen den Geist aufgegeben. Gut gewählter Zeitpunkt allemal, denn so kam es noch innerhalb der Garantiezeit zurück nach Deutschland – und eine Extra-Versicherung hattest Du auch abgeschlossen. Sehr deutsch.

Es war ein toller Urlaub mit Deinen Eltern. Du warst dankbar, dass sie die Reisezeit von 28 Stunden pro Richtung auf sich genommen und Europa verlassen haben. Die Zeit ist verflogen – gefühlt und im wahrsten Sinne – und Du hast jede Minute mit ihnen genossen. Sogar Euer Gemeinschaftszimmer in Flughafennähe in Sydney.

Entomologin, erinnerst Du Dich an Dein Waldcamping in den Blue Mountains?

Die Blue Mountains in der Nähe Sydneys gehören zum Weltnaturerbe, sie sind angeschlossen an den riesigen Nationalpark Greater Blue Mountains mit insgesamt 10.000 Quadratkilometern Fläche. Das Licht bricht an Staubpartikeln und dem ätherischen Öl der 100 Eukalyptusarten in der Luft, sodass die Täler und Gipfel in der Ferne blau erscheinen.

Eine besondere Attraktion ist die Sandsteinformation „Three Sisters" bei Sonnenuntergang. Auch hierzu gibt es eine Entstehungsgeschichte der Aborigines: Drei Schwestern wohnten hier mit ihrem Vater, einem Zauberer. In der Nähe lebte auch ein fieses Monster. Eines Tages erschrak eine der Töchter, als sie einen Tausendfüßler erblickt und warf einen Stein, der weiter über die Klippen rollte. Das Monster wachte auf und ging wütend auf die Schwestern los. Der Vater nahm seinen Zauberknochen und verwandelte die nahe beieinander stehenden Schwestern in drei Felstürme, um sie zu schützen. Das Monster wandte sich nun gegen den Vater, der sich in einen Vogel verwandelte und davonflog. Dabei verlor er seinen Zauberknochen, den er auch heute noch sucht; die drei Schwestern warten und hoffen, dass er ihn bald findet. Bis dahin erodieren sie vor sich hin.

Im Botanischen Garten Mount Tomah kann man lernen, dass die Pflanzen der südlichen Hemisphäre immergrün sind. Da Du mit dem Sommer gereist bist, hast Du den wunderschönen Farbwechsel des Laubs im Herbst verpasst – und tatsächlich vermisst. Das hast Du beim Anblick der ersten Anzeichen von Herbstfärbung an einem importierten Laubbaum aus der Nordhemisphäre gemerkt. Du magst die Jahreszeiten in Deutschland.

Manchmal verklärst Du die Erlebnisse beim Buschcamping als einsam und irgendwie romantisch. Und Du magst es wirklich, Dein Zelt fernab der Zivilisation aufzustellen. Aber ganz ehrlich war nicht immer alles rosa und schön: Eines Morgens hast Du beim Fußcheck (draußen genauso wichtig wie der tägliche Zeckencheck) einen schwarz-gelb gestreiften Blutegel entdeckt. Der hatte sich muckelig unter Deinem rechten kleinen Zeh versteckt. Es ist nicht einfach, selbst unter den kleinen Zeh zu schauen. Du hast den Egel lang- und abgezogen. Das nächste Mal solltest Du Salz oder Teebaumöl nehmen, dann blutet das auch nicht den ganzen Tag nach, weil die Bestie ihren Mageninhalt samt Blutverdünner durch die Wunde zurück in Deinen Fuß gekotzt hat. Du hast ihn weit von Dir geworfen. Er landete einen Meter entfernt und stellte sich tatsächlich auf ein Ende und nahm wieder Witterung auf. Bäh! Hast Du ihn mit einem Latschen plattgemacht? Nein, Du warst Gast in seinem Wohnzimmer.

Es stellte sich die Frage, wie der eklige Egel dahin kam: Morgens wolltest Du Dir im Zelt Deine Outdoorhose – nicht schick aber praktisch mit vielen Taschen – anziehen. Eine zwei-Eurostück große Spinne flitzte auf einmal durch Dein Zelt. Zu

Hause gibt es nur eine giftige Art, in Australien ist fast alles giftig. Also bist Du immerhin mit Hose aber ohne Schuhe aus dem Zelt gehüpft. Die Spinne wurde gefahrlos ausgeschüttelt, aber der Blutegel hatte sich sein Frühstück besorgt.

Die folgende Nacht hast Du am Set des Blockbusters „Koalas im Nebel" verbracht, oder wie hieß der Film nochmal? Wahr ist, dass am Mount Wilson einige Szenen des „Großen Gatsby" gedreht wurden. Mystisch war die Stimmung allemal, und erst recht als der Sturm einsetzte. Deshalb stand Dein Zelt auch wieder im Windschutz des Autos. Bereits nachmittags hatte es ordentlich gestürmt und Du hattest in Deinem Farradey'schen Käfig Schokokuchen bei spanischer Gitarrenmusik von Rodrigo & Gabriela verputzt. Genuss pur.

Betrunkene, erinnerst Du Dich an Deinen Abschied von Sydney?

Du warst zurück in Sydney, im selben Hostel wie zuvor. Deine ehemalige Mitbewohnerin Eileen aus England kanntest Du bereits vor Ankunft Deiner Eltern. Sie hatte sich in der Zwischenzeit einen Job gesucht und wollte wirklich langfristig auswandern. Abends wart Ihr beim Moonlight Cinema im Centennial Park und es kreisten die Flughunde über Euren Sitzsäcken im Gras. Großstadtdschungel.

Den Abschied von Sydney hast Du später bei Goon Konsum mit Deinen anderen Hostelmitbewohnern gefeiert. Goon ist unter Backpackern weit verbreitet und ein sehr billiger Wein, der in Alubeutel verpackt und mit einem Pappkarton drumherum verkauft wird. Heißt so, weil man den leeren Beutel aufblasen und als Kopfkissen benutzen kann. Kissen in einer Aborigine-Sprache heißt Goon. Und das ist ein Teufelszeug, weil schmeckt nicht und macht doof im Kopf.

Du bist mit leichten Kopfschmerzen Richtung Norden gestartet, um ab Sonntag bei Byron Bay auf einer Familienfarm im Regenwald zu helfen. Du brauchtest eine Aufgabe.

Verkaterte, erinnerst Du Dich an Deinen letzten planlosen Road Trip in Australien?

Den ersten Übernachtungsstopp hast Du in The Entrance gemacht. Der Ort ist das Tor zur Region East Coast und das Highlight die tägliche Pelikanfütterung um 15:30 Uhr. Für Dich waren die Rufe von tausenden Papageien zur Dämmerung wesentlich beeindruckender, fast schon beängstigend Hitchcock-mäßig. Das war fast so gruselig wie der Springbrunnen, in dessen Mitte ein bunter, überdimensionaler Comic-Fisch Wasser spuckt.

In Nelson Bay gab es schicke Dünen die zum Sandboarden einluden. Da Du nicht geglaubt hast, dass die Dünenflora und -fauna das allzu gut verträgt und Du in Peru in der Wüste Sandboarden warst, hast Du darauf diesmal verzichtet.

Stattdessen hast Du Dich zur Mittagszeit eben dort mit einem Rollstuhlfahrer unterhalten, der die Brandung betrachtete. Er hatte vor 20 Jahren einen Surfunfall und war halsabwärts gelähmt. Irgendwie kamt Ihr auf Michael Schuhmacher, Wiedergeburt und Abschied nehmen. Er sagte: „Sterben müssen wir alle und ich glaube, wir kommen wieder. Aber jeder wünscht sich einen schnellen Tod", fuhr mit seinem Elektrorollstuhl davon und ließ Dich nachdenklich zurück.

Im Crowdy Bay Nationalpark hast Du die nächste Nacht verbracht. Noch nie hattest Du so einen hellen Vollmond gesehen. Das erklärte wahrscheinlich auch den Spinner, der morgens um 2:30 Uhr auf die Zelte leuchtete und nach Euren Campinglizenzen fragte. Armer Irrer! Zum Glück hattest Du ein paar Nachbarn und hast Dir deshalb wenig Sorgen gemacht.

Bei Deinem Stopp in Port Macquarie gab es im Regenwaldkaffee einen unglaublich gesunden – und sogar leckeren – Rote Beete-Orangen-Ingwer-Saft. Die angeschlossene Aborigine-Ausstellung hat Dich wieder nicht viel schlauer gemacht. Immerhin konnte man die Präsentation zu lehrreichen Geschichten nicht nur auf Felswände malen, sondern auch selbst in einen hinterleuchteten Sandkasten. Das war zwar etwas zum Anfassen, aber Du wolltest die Kultur wirklich gern besser verstehen lernen.

In Coffs Harbour konnte man für viel Geld mit Delfinen schwimmen oder unter einer riesigen, gelben Banane Minigolf spielen. Das hat Dich beides nicht besonders gereizt. Dafür hast Du in der Nähe einen großartigen Holiday Park entdeckt, wo sich Kängurus und Kookaburra Pfote und Flügel reichten.

Helferin, erinnerst Du Dich an Deine Auszeit in Mullumbimby?

In den letzten Tagen Deines Road Trips hattest Du keine besonderen Unternehmungen mehr gemacht. Du warst ziemlich satt von Touri-Abenteuern und hattest einfach auch schon viele erlebt. Etwas traurig machte Dich Deine Abgeklärtheit dahingehend schon.

Allerdings boten viele Stunden allein im Auto bei Tempomat auf durchschnittlich 80 Stundenkilometern viel Raum und Zeit zum Denken und Ideen entwickeln. Langsam aber sicher warst Du bereit, wieder irgendwo heimisch zu werden. Langsam, weil Du zwar schon 9 Monate unterwegs warst, aber noch drei Monate und zwei Länder bevorstanden. Du hast Dich darauf gefreut, wieder Freundschaften zu Hause persönlich pflegen und langfristig aufbauen zu können und Dir einen Job zu suchen, in dem Du etwas bewirken kannst. Wie man nach vielen Reisen sesshaft werden kann, konntest Du bei Deinem Familienaufenthalt sehen, denn genau das hatten Deine Gastgeber gemacht.

In der guten Woche im Regenwald bei Mullumbimby warst Du fleißig und hast wunderbaren Familienanschluss inklusive Miezekatze und Hühnerschar in beeindruckender Landschaft bekommen. Ihr habt viele Reisegeschichten ausgetauscht, denn Sean und Wendy haben viele Jahre „on the road" verbracht, bevor sie sesshaft wurden und einen New Age Kristallhandel in

Australien aufgebaut haben.

HelpX ist eine weltweite Internetplattform auf der sich Gastgeber und Helfer finden, ähnlich wie Woofing, nur nicht auf Biofarmen beschränkt. Beide haben etwas davon, denn die Gastgeber brauchen jemanden, der mal für einen definierten Zeitraum bei Haushalt, Garten, Kindern oder irgendwelchen Projekten hilft. Die Helfer finden ein zeitweiliges Zuhause und bekommen meist Unterkunft und Essen im Tausch für ihre Zeit. Manchmal kann durch das Helfen sogar ein Visum verlängert werden. Um die Erwartungen abzustimmen und Enttäuschung vorzubeugen gibt es Profile und Referenzen auf der Internetplattform – und am Besten telefoniert man mal vorab.

Du hast also auf einer Hobbyfarm in Mullumbimby im Regenwald gewohnt, den Frühjahrs- bzw. Herbstputz erledigt (Putzen hast Du auch vorher nicht vermisst) und eine großartige Familienzeit inklusive der großen und kleinen Probleme des Alltags gehabt. Am Wochenende haben Dich Deine Gastgeber sogar mit zum Ausflug zu den Verwandten in Tweed Heads mitgenommen und Ihr wart in Surfers Paradise.

Letzteres klingt beeindruckender als es ist. Der Name wurde nach einem Brainstorming der Tourismusverantwortlichen festgelegt und am Ende hat man sich für den Namen der Kneipe entschieden, in der das Treffen stattfand. Heute hat der Ort eine betonierte Strandpromenade, Shoppingmalls und eher den Charme von Las Vegas als den eines Hippie Paradieses.

Als der Hausputz erledigt war, haben Deine Gastgeber Dich weitergeschickt, damit Du noch ein paar Tage am Strand der Ostküste genießen solltest.

Schnorchelnde, erinnerst Du Dich an Deine Tauchgänge am Julian Rock vor Byron Bay?

Du bist nach Byron Bay, einem Surfer- und Tauchparadies, weitergezogen und warst früh morgens mit Schildkröten und

Haien schnorcheln. Zum ersten Mal hat Dich Deine Kamera enttäuscht und die Speicherkarte selbständig neu formatiert, alle Bilder waren weg. Die wunderbaren Eindrücke dieses Tauchgangs konntest Du nur in Deinem Herzen bewahren.

Aber dadurch hattest Du auch schon den ersten Grund, nochmal zum Julian Rock rauszufahren. Der zweite Grund: Es war einfach so toll, dass Du das Erlebnis wiederholen wolltest. Diesmal hast Du eine Meeresschildkröte beim Frühstück beobachtet. Die verputzte ganz genüsslich eine dicke, fette Glibberqualle. Ausgleichende Gerechtigkeit, denn am Nachmittag zuvor gab es sehr viele giftige Blue Bottle Quallen am Strand. War zwar nicht dieselbe Sorte, aber da hast Du Glibberviecher allesamt in Familienhaft genommen.

Zunächst fühlte sich der Umzug von Deiner Gastfamilie im Regenwald ins Hostel in Byron wie Jetlag an. Ein komisches Gefühl, irgendwie verloren zwischen Zeit und Raum. Ein Nickerchen, nette Leute und ein großartiger Tanzabend zu Livemusik haben recht gut darüber hinweg geholfen.

Deine Gastfamilie hast Du auf dem Weg zum Flughafen nochmal besucht. Für eine weitere Abschiedsumarmung und weil Du niemanden gefunden hattest, der Dein Zelt inklusive Campingausrüstung kaufen wollte. Nun war das tollste Zelt der Weltreise bei ihnen in guten Händen und sollte bestimmt mal wieder das Zuhause eines Reisenden werden.

Den Mietwagen hast Du mit gut 4.600 km mehr auf dem Tacho in Brisbane am Flughafen abgegeben, bist zum Terminal spaziert und nach Perth an die Westküste geflogen.

Autolose, erinnerst Du Dich an die Woche in Perth?

Viel zu kurz oder gerade lange genug, um eine Idee zu bekommen, warst Du an der australischen Westküste in Perth.

Viele der Bewohner von Perth leben hier in Teilzeit. Ihre Freizeit genießen sie in dieser Großstadt der ersten Siedler an traumhaften Stränden und mit Kulturangeboten. Ihr Geld verdienen sie in den Minen im Norden. Das hast Du von Kate gelernt. Du hattest sie bei der Stadtführung in Christchurch, Neuseeland, getroffen und Ihr habt etwas Zeit zusammen in ihrer Heimat Perth verbracht.

Ihr wart zusammen bei einer Kunstausstellung am Strand, seid im Hafenort Fremantle spazieren gegangen und habt an zwei Abenden auf zwei Nachtmärkten lecker gegessen und gequatscht.

Ansonsten hast Du bei einem Ausflug mit Kängurus, Koalas und einem Wombat gekuschelt, eine Langusten-Versandfirma besichtigt, direkt eine halbe Languste zum Mittag verputzt, die Sandsteinformation „Pinnacles" besucht und bist doch mal wieder mit dem Sandboard weiße Dünen runtergesaust. Dabei hast Du Sarah aus Österreich getroffen und Ihr seid am folgenden Tag gemeinsam in den Kings Park gegangen. Bei der Führung zur Geschichte hast Du Dir gemerkt, dass die großen Bauwerke in Perth von europäischen Gefangenen gebaut wurden. Krasser Beginn einer Nation.

Den folgenden Tag hast Du allein auf der wunderschönen vorgelagerten Insel Rottnest verbracht. Allein mit ganz vielen kuscheligen, neugierigen Quokkas (Beutelratten) und einer Menge anderer Touristen. Du hast die Insel umradelt und an dem einen oder anderen weißen Sandstrand mit kristallklarem Wasser gehalten. Ohne Buddy, also einen Tauchpartner zur Sicherheit, fiel Schnorcheln leider aus.

Sentimentale, erinnerst Du Dich an Deinen Abschied von Downunder?

Zwei Monate warst Du in Australien unterwegs, die allermeiste Zeit davon an der Ostküste auf Road Trips in Deinem Miet-Corolla und auf Campingplätzen mit dem besten Zelt der Welt. Über 4.600 km bist Du allein gefahren, nicht immer freiwillig ohne Begleitung, dafür mit viel Raum zum Denken, Entwickeln und Planen. Nun warst Du voller Ideen und Energie. Dabei half auch die Reduktion auf das Wesentlichste: was und wo isst Du, wo kannst Du sicher schlafen, ist das Tier giftig, wo gibt es ein Klo und wo ist eine warme Dusche? Als Du das dann an wunderschönen Stränden und in beeindruckenden Eukalyptuswäldern fandest und die Tiere eher flauschig als bissig waren, war das ein echtes Geschenk.

Zwischendurch kamen Deine Eltern zu Besuch. Es war ein großartiger Urlaub und eine willkommene Pause von Camping und Backpacking. Nach ihrer Abreise hast Du Dir weiteren Familienanschluss gesucht und ihn bei Wendy, Sean und ihren Kids Ruby Star und Jet Moon im Regenwald bei Mullumbimby gefunden.

Der Hausputz hatte durchaus etwas Meditatives und beim Fensterputzen kam mit der Durchsicht die Einsicht: Dort hast Du gespürt, wie sehr Du bereit warst, wieder sesshaft zu werden. Dabei hast Du kein Heimweh gespürt, aber nach nun mehr als neun Monaten warst Du gierig nach einem normaleren Leben mit längerfristigen Zielen und Herausforderungen.

Es war gut, dass Du Dich nun auf dem Weg zu Deiner vorletzten Destination befandest und dass nach dem Zwischenstopp in Singapur mit Südafrika eine reisetechnische Herausforderung wartete. Ganz anders und neu. Du hast Dich darauf gefreut.

Als Du Dich im Flugzeug nach Singapur umschautest und an all die Flüge der letzten Monate dachtest, all die Menschen, die mit Dir im Flieger saßen und die Du auf Flughäfen gesehen hast, und Dir ihre Freude beim Wiedersehen vor Augen riefst, hast Du tiefe Trauer für die Opfer und Hinterbliebenen des abgestürzten German Wings Fluges gespürt.

Du hast jeden Tag geschätzt, jede Minute genossen und warst dankbar. Dankbarkeit für Erfahrungen und gemeinsame Zeit ist das was bleibt, das Lächeln von Fremden, die Umarmung von Freunden, die Liebe der Familie.

Asiafan, erinnerst Du Dich an Deinen Zwischenstopp in Singapur?

Raus aus dem Flieger, zweieinhalb Tage Aufenthalt, weiter geht's und man hat eine Stadt mehr gesehen. So lief das mit Dir und Singapur zwischen Perth und Johannesburg. Du hast in ein Hostel in China Town eingecheckt und viel gelernt.

Es war eine besondere Zeit in Singapur, denn es herrschte Staatstrauer. Der ehemalige und langjährige Ministerpräsident Lee Kuan Yew war kürzlich im Alter von 91 Jahren verstorben. Menschen standen bis zu 10 Stunden an, um an seinem aufgebahrten Leichnam zu kondolieren. Er war Mitbegründer des heutigen Singapurs als eigenständiger Staat unabhängig von Malaysia und England. Das 50jährige Jubiläum stand bevor. Sein Sohn war (gewählter) Ministerpräsident.

Bei einem geführten Stadtrundgang in China Town warst Du im Buddha Tempel. Fort Knox ist in Sachen Goldgehalt nichts dagegen, Du würdest es als eine Art modernen Ablasshandel sehen.

Du hast auch einen Hindu Tempel besucht. Manche der Götterfiguren sahen ziemlich fies aus, aber offenbar konnte man sie mit Milchspenden besänftigen.

Und Du hast etwas über den chinesischen Glauben zum Leben nach dem Tod gelernt: Die Toten brauchen nämlich im Jenseits eine Menge Geld, Essen, Autos und Utensilien des täglichen Lebens. Die müssen von den Verwandten aus dem Diesseits geliefert werden. Auslieferung findet per Verbrennung statt. Nun bekommt es dem Geldbeutel, der Inflationsrate und der Umwelt (in dieser Reihenfolge) nicht besonders gut, wenn man ständig Bargeld und Autos verbrennt. So gibt es alles im angemessenen Maßstab aus bunt bedruckter Pappe zu kaufen – inklusive iPad & Co.

Eine Metropole wie Singapur gefällt Dir persönlich besonders gut bei Nacht und vom Wasser aus. Du hast mit ein paar Hostelkollegen eine Bootsfahrt von der einen zur anderen Bucht unternommen. Ein weiterer Ausflug führte Euch tagsüber nach Little India – der Markt war ein wahrgewordener Bollywood-Barbie-Traum.

Dir kam die Welt ja immer wie ein Dorf vor, wenn Du Menschen unterwegs wiedergetroffen hast. Allerdings kann man auch ganz wunderbar aneinander vorbei reisen. So ist es schade, wenn ein Schulkollege, der in Singapur wohnt, genau an diesem Wochenende selbst unterwegs ist.

Nach zwei spannenden Tagen in Asien ging Dein Flug nach Johannesburg, Südafrika.

Setze Prioritäten!

Gejagte im Krüger Nationalpark, Südafrika, 2015

Südafrika – Setzen von Prioritäten

Was Du wann machst, hängt sehr von Deiner persönlichen Einschätzung der Wichtigkeit ab. Du hast Prioritäten im Beruf, im Alltag und im Leben gesetzt. Aber diese haben sich verändert, weil sich die Rahmenbedingungen in Deinem Leben verändert haben. Vor ein paar Jahren hättest Du nie gedacht, dass Du mal allein auf Weltreise gehen würdest.

Dir sind viele Menschen begegnet. Alle mit unterschiedlichen Sichtweisen und jeder handelt nach seiner persönlichen Prioritätenliste. Natürlich gibt es ein hohes Konfliktpotenzial, wenn Euch Dinge wichtig sind, die aber unvereinbar erscheinen. Du versuchst inzwischen zu hinterfragen, ob es wirklich wichtig ist oder es Dir nur ums Prinzip geht.

In Südafrika ist Dir ganz besonders klar geworden, wie stark sich die Gewichtung von Prioritäten verändern kann, wenn neue Informationen hinzukommen. Ein Anruf von zu Hause machte alle weiteren geplanten Aktivitäten unwichtig. Sogar der Preis des Rückreisetickets war in diesem Moment irrelevant (die Reiseabbruchversicherung hat es aber zum Glück erstattet).

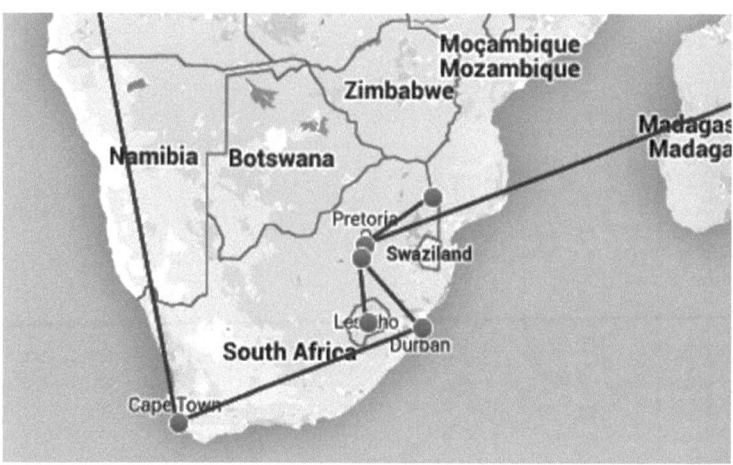

Deine Handvoll Prioritäten sind immer dieselben, aber nicht alle für eine Entscheidung relevant. Zum Beispiel ist Dir Deine Familie wichtig. Das ist aber nicht entscheidend für die Wahl zwischen Schokoriegel und Apfel, sondern Dein Gesundheitsbewusstsein, Deine Eitelkeit und natürlich Dein Hunger.

So sind die es die notwendigen Entscheidungen, die Auswahlmöglichkeiten und die aktuelle Situation die bestimmen, welche Prioritätenkarte Du gerade ziehst. Welche davon die anderen aussticht, bestimmst Du, indem Du bewusst Schwerpunkte setzt.

Bilder aus Südafrika? Hier:

http://geilereise.net/weltreise/das-buch/suedafrika/

Naturbegeisterte, erinnerst Du Dich an Deine Begegnung mit den Big Five?

Morgens früh ging es in Johannesburg los und zunächst ins Moholoholo Rehabilitation Center. Hier werden verletzte Tiere aufgepäppelt und wenn möglich wieder ausgewildert. Die Verletzungen entstanden meist durch Drahtschlingen und Gift. Diese Fallen werden von Wilderern aufgestellt, da lokale Medizinmänner und der chinesische Markt Höchstpreise für bestimmte Tierteile wie Geierhirne und Herzen zahlen. Leute, die getrocknete Geierteile mit Marihuana mischen und rauchen, können nämlich in die Zukunft sehen, weil Geier das ja auch können. Diese Joints waren schon sehr gefragt bei der WM 2010. Bei Moholoholo durftest Du einen Geparden streicheln und einen Geier auf Deinem Arm füttern. Der eine war sehr flauschig, der andere unerwartet schwer.

Euer Camp lag 30 Minuten vom Orpen Gate in den Krüger Nationalpark entfernt. Ihr wart 19 internationale Reisende in zwei Landrovern, habt gutes Essen bekommen und in Zelten gecampt. Viel Zeit habt Ihr nicht im Camp verbracht, denn jeder Tag war den Tieren gewidmet.

Am zweiten Tag ging es früh morgens auf Safari in den Nationalpark. Direkt neben Euch gingen Zebras, Warzenschweine, Büffel, Löwen, Antilopen, Gnus, Giraffen, Krokodile, Strauße, fliegende Vögel, Spinnen und viele andere ihrem Tagesgeschäft nach. Jäger und Gejagte. Und Beobachter wie Elefanten, Nilpferde und Nashörner.

Der Kreislauf des Lebens ist hier sehr präsent. Die Vegetarier wie Warzenschweine, Antilopen, Gnus, Giraffen und Zebras fressen die Vegetation in unterschiedlichen Höhen, verteidigen Wasserlöcher gegeneinander und formen Koalitionen zum Schutz. Die Vögel fressen die Insekten und picken die Zecken von den Leibern. Die Fleischfresser sind auf unterschiedliche Sorten von Vegetariern spezialisiert. Und die Beobachter? Sie sind nicht direkt Mitglieder im tödlichen Spiel zwischen Jägern und Gejagten. Was ist ihre Aufgabe im Kreislauf des Lebens? Sie verteidigen Wasserlöcher und leben im Vergleich ein sehr langes Leben in dem sie Wissen erwerben. Und ein Elefant frisst 300 kg Gras am Tag, inklusive Samen. Genauso die Nilpferde und die Nashörner, wobei das Spitzmaul Blätter von Bäumen zupft und das Breitmaul grast. Sie verdauen und tragen die Samen über weite Strecken wobei sie Pfade in unwegsames Gelände trampeln. Vielleicht auch nicht die richtige biologische Erklärung, aber klingt zumindest logisch.

Die Safari am dritten Tag begann vor Sonnenaufgang auf dem Weg zum Parkeingang: Eine Löwenfamilie blockierte liegend die Straße. Übrigens eine Straße, auf der viele menschliche Fußgänger unterwegs sind. Der weitere Vormittag war sehr ruhig ohne große Sichtungen. Zebras, Gnus, Vögel, das Übliche halt. Nachmittags seid Ihr zum Sonnenuntergang in ein privates Reservat gestartet. Dort habt Ihr Spitzmaulnashörner gesehen und endlich einen Leoparden. Damit waren die Big Five vollständig: Elefant, Büffel, Nashorn, Löwe und Leopard.

Gruppenmitglied, erinnerst Du Dich an die Mitreisenden im Safarijeep?

Der Trip war toll. Auch wenn Du Dich wieder an das Leben mit gebuchten Gruppentouren gewöhnen musstest. Es waren, wie immer, tolle Leute dabei.

Ein Mitreisender hatte beeindruckende Narben auf dem Rücken. Nick aus Schweden war Elektriker und vor Jahren bei einer Installation von einem Hochhaus gefallen. Er hatte sich die Beine, das Becken und das Rückgrat gebrochen. Für Monate war nicht klar, ob er aus dem Koma erwachen würde. Als es soweit war und ihn die Ärzte fragten, woher er kommen würde, sagte er: „Von der Erde." Er glaubte, von Aliens entführt worden zu sein. Zumindest waren nun seine Knochen taillenabwärts die des

194

Terminators. Er bezeichnete sich in Südafrika immer noch als zu 30 Prozent verrückt. Aber die anderen 70 Prozent waren glücklich, am Leben zu sein. Er arbeitete wieder, aber nur, um das Geld fürs Reisen zu haben. In seiner Unterlippe hatte er „Carpe Diem" tätowiert.

Eine zufällig zusammengesetzte Gruppe besteht selten nur aus Menschen die ihre Wertvorstellungen teilen.

Ein Mitreisender setzte seine Prioritäten zu Deinem Unverständnis: Er las während der ganzen Zeit im Safari-Jeep ein Buch. Um genau zu sein, las er über Morde in Skandinavien, während Ihr Ausschau nach Löwen gehalten habt. Du musst nicht jeden verstehen.

Und einmal wurdest Du beschimpft: Es war nachts um elf, alles schlief, denn jeder Tag begann weit vor Sonnenaufgang gegen vier Uhr. Nein, nicht alle schliefen. Du wurdest wach von einem lauten, wiederholten Knallgeräusch. Durch das Moskitonetz hast Du gesehen, dass es kein Tier, sondern eine Nachbarin war. Du fragtest, was sie tut. Sie schlage ihre Schuhe aus. Du fragtest, ob das jetzt notwendig ist (eine Spinne darin wäre ja ein Grund gewesen). Ja, das sei jetzt notwendig, weil sie immer machen würde was sie will. Inzwischen waren andere wach und kicherten. Sie drehte noch mehr auf. Keiner sage ihr, was sie zu tun habe. Und Du seist ein Idiot.

Beim Frühstück hast Du sie angesprochen, ob es ihr gut gehe, schließlich war der Krach unnötig und die Beleidigung noch weniger. Ihre Mitreisenden stimmten Dir zu. Da fing sie dieselbe Leier von vorne an.

Dein Fazit: Du erwartest respektvollen Umgang zwischen Erwachsenen. Du warst nicht ihre Erziehungsberechtigte (zum Glück) und hattest auch sonst nichts mit ihr abzumachen. Aber das Leben zahlt gerecht zurück. Die erste Rate: Sie wohnte im selben Hostel und fühlte sich sichtlich unwohl in Deiner (idiotischen) Nähe.

Du hast eine Tour durch Johannesburg gebucht. Mit Claudia aus den Niederlanden. Sie war auch mit auf Safari. Und sie war nett. So nett, dass sie Deine Sonnenbrille mit nach Europa genommen hat, nachdem Du sie im Zeltcamp hattest liegen lassen und sie über Umwege bis in das Hostel kam, indem Claudia noch war, während Du schon abgereist warst.

Als Du vom „Top of Africa" – mit 50 Stockwerken dem höchsten Gebäude Afrikas – auf das Zentrum von Johannesburg schautest, sah es wie das jeder anderen ernstzunehmenden Großstadt aus. Was man von dort nicht erkennen konnte, war dagegen besonders ernst: nach dem Ende der Apartheid und dem politischen Machtwechsel Anfang der 90er Jahre nahm die Kriminalität extrem zu. Polizei und Militär hatten andere Probleme, als sich besonders um das Stadtzentrum zu kümmern.

Bald standen die Gebäude leer und wurden von Menschen in Besitz genommen, die nichts zu verlieren hatten. Auch wenn Euer Stadtführer mehrfach betont hat, dass es besser werden würde, war das Stadtzentrum definitiv kein Ort, an dem man sich als Tourist aufhalten sollte. Falls man unwissend im falschen Straßenzug, oder noch schlimmer in einem Gebäude, landete, konnte man froh sein, wenn man nur alle materiellen Habseligkeiten loswürde. Selbst eine Fahrt im öffentlichen Bus endete ein paar Tage zuvor in einer Schießerei. Sie hatten Nichts und noch weniger zu verlieren.

Deine Unterkunft lag in einem besseren Stadtteil. Allerdings war auch hier jedes Gebäude mit Zaun und Sicherheitspersonal versehen. Dieses Hostel war die ehemalige Villa eines Drogenbarons. Schick hatte er es sich eingerichtet und an diesem Pool sind bestimmt einige krasse Partys gestiegen. In den Neunzigern ist er in einem seiner Clubs von unzufriedenen Kunden hingerichtet worden und das Gebäude wurde zur Backpackerunterkunft. Passt gut nach Jo'burg, oder?

Soweto steht für South West Township, einer der Distrikte, in dem schwarze Südafrikaner in ärmlichen Verhältnissen wohnen. Er entstand wie viele andere Siedlungen in der Umgebung von Jo'burg zu einer Zeit, als die Stadt durch Gold reich geworden war, und eine Kombination aus Wunsch nach Arbeit in den Minen, Dürre und Viehseuche immer mehr Menschen vom Land in die Stadt zog. Auf einmal sahen sich die weißen Machthaber aus Europa vielen schwarzen Mitbürgern gegenüber. In ihren Augen zu vielen. Die Townships wurden errichtet und die Schwarzen und auch die eingewanderten Inder umgesiedelt.

Der Bereich, der Euch gezeigt wurde, war inzwischen ein halbwegs organisierter Stadtteil, allerdings gab es immer noch Areale ohne Strom und fließend Wasser. Und natürlich führte man Euch Touristen mit den teuren Kameras nicht in die schlimmen Ecken – wurde ja alles besser. Übrigens haben in eben diesem Stadtteil zwei Friedensnobelpreisträger gleichzeitig in derselben Straße gewohnt: Nelson Mandela und Bischof Desmond Tutu.

Weiße, erinnerst Du Dich an Deinen Besuch im Apartheidmuseum?

Du hast einen interessanten und bewegenden Nachmittag im Apartheidmuseum verbracht. Apartheid steht für eine Trennung zwischen Schwarz, Farbig und Weiß in allen Lebensbereichen. Die weißen Machthaber in Südafrika wollten an der Macht bleiben – welch Wunder – und strebten die Unterdrückung der nicht-weißen Bevölkerung an. Zunächst wurde 1940 eine Passpflicht eingeführt und jeder Bürger nach der Willkür des Beamten einer der drei Gruppen zugeordnet. Alle mit einem „weiß"-Stempel hatten lebenslange Vorteile. Mit der Passpflicht wurde die Reisefreiheit der nicht-weißen Bevölkerung eingeschränkt. Sie konnten jederzeit ohne Grund verhaftet werden. Benachteiligung in Bildung und Berufswahl, schlechte Entlohnung und ein extremes Klassensystem entstanden und bestanden bis in die 1990er Jahre.

Erst massiver Druck von außen durch Handelsembargos und Ausschluss Südafrikas vom internationalen Wirtschafts- und Sportparkett sowie Druck von Innen durch einen politischen Machtwechsel und die stetige Arbeit Nelson Mandelas führten schließlich dazu, dass die Apartheid ist, wo sie hingehört: im Museum. Die zentrale Heldenfigur im Kampf gegen die Apartheid in Südafrika ist Nelson Mandela. Das Museum hatte ihm eine Sonderausstellung gewidmet.

Es ist noch ein langer Weg bis zur wahren Gleichstellung. Aber es wird besser. Niemals darf Geschichte vergessen werden – diese nicht und auch unsere nicht. Das Museum hatte Postkarten mit der Forderung nach Chancengleichheit ausgelegt, auf der Rückseite standen Fragen, die sich jeder stellen kann: Wann hast Du etwas zur Veränderung beigetragen?

Verwunderte, erinnerst Du Dich an die Wichtigkeit der Namensänderung von Städten in Südafrika?

Über 10 Jahre nach den freien Wahlen 1994 in Südafrika und nachdem der ANC (African National Congress) an die Regierung kam, wurden einige Städtenamen geändert. Davon hattest Du zuvor nie etwas gehört.

Die Maßnahme betraf insbesondere Namen, deren Ursprung aus der Kolonialzeit stammten und die mit negativen Erinnerungen für die vorwiegend schwarze Bevölkerung verbunden waren. Die Umbenennung war in Südafrika umstritten und in Teilen der Öffentlichkeit auf heftigen Widerstand gestoßen.

Als bekanntes Beispiel ging die Hauptstadt Pretoria voran, die in Tshwane umbenannt wurde. Nur noch ein Stadtteil dort behielt den Namen Pretoria. Bereits hierbei gab es heftige und mit Protesten verbundene Diskussionen bei der Namensänderung.

Über die Umbenennung von 15 weiteren Städten in Südafrika wurde diskutiert. Auch die Hafenstadt Port Elizabeth war mit dabei, die künftig eBhayi heißen sollte. 1820 waren hier 4.000 britische Siedler gelandet und haben das Gebiet vereinnahmt. Offenbar hatten sich inzwischen die Prioritäten verlagert, denn in den Reiseunterlagen stand weiterhin Port Elisabeth.

Höhenängstliche, erinnerst Du Dich an die Lodge in den Drakensbergen?

Fast eine Woche warst Du im Gebirge Northern Drakensberg. Das Hostel war eher eine Lodge und lag auf 1300 m Höhe. Du hattest beschlossen, Dir zum Ende der Reise etwas Privatsphäre zu gönnen und hast Dir ein Einzelzimmer statt Schlafsaal geleistet. Die meisten Hostels boten auch ein Abendessen zu vernünftigen Preisen an. Hier gab es sogar drei Gänge für umgerechnet 10 Euro.

Hier hast Du Devon, einen weißen Südafrikaner aus Pretoria kennengelernt. Ihm war von seinem Arbeitgeber übel mitgespielt worden, denn sein Bonus für einen Auftrag, an dem er zwei Jahre gearbeitet hatte, sollte auf einmal nie vereinbart worden sein und er leer ausgehen. Er wandte sich an eine offizielle Rechtsberatung und Schlichtungsstelle und wurde in gegenseitigem Einvernehmen gekündigt und ausgezahlt. Er wollte nicht mehr für Konzerne arbeiten und eine Personalnummer sein. Mit dem Geld zahlte er zunächst seine Schulden und kaufte einen Pick-up. Eigentlich wollte er nach Europa und in Ibiza arbeiten und feiern. Und er wollte die Umwelt schützen. Seine Ideen waren groß, aber er sagte auch „mein bestes Erlebnis hatte ich auf Droge". Bisher fuhr er die Küste Südafrikas auf und ab, surfte in den Tag hinein und strandete immer wieder in der Lodge in den Drakensbergen.

An einem Tag hast Du einen Pferdeausritt gemacht. Eine gemütliche Stunde seid Ihr durch die wunderschöne Umgebung gezockelt. Dabei waren drei Mitreisende aus dem Bazbus. Nikol,

Friseurin aus Deutschland, war auch schon viele Monate auf Weltreise, Valerie kam ursprünglich aus der Ukraine, war vor Jahren nach Israel ausgewandert und inzwischen in Kapstadt sesshaft geworden. Dorthin war sie nach einer Weltreise zurückgekehrt, hatte eine weitere Ausbildung gemacht und machte sich gerade als Ausstellungskuratorin selbständig. Ihre Mutter hat sie zum ersten Mal besucht und Euch mit ihrer Begeisterung mitgerissen. Es war der erste Ausritt ihres Lebens.

Der Bazbus war eine sichere Transportmöglichkeit für Backpacker. Den Bus buchte man als Hop on Hop off am Abend vorher, der Fahrer brachte einen von Hosteltür zu Hosteltür. Kein Warten an öffentlichen Bushaltestellen auf einen Bus, der mehr als vollgepackt ist oder gar nicht kommt. Du hattest ein Ticket von Jo'burg bis Kapstadt mit einer unbeschränkten Anzahl an Stopps. Du wolltest allerdings gar nicht mehr ständig umziehen und hattest Deinen weiteren Aufhalt wochenweise geplant.

Eines Tages bist Du gemeinsam mit einer Gruppe auf dem berühmten Amphitheatre Trail gewandert. Ab dem Parkplatz auf 2.600 m Höhe seid Ihr auf einem Rundweg von 14 km auf das Plateau auf 3.100 m aufgestiegen. Von dort fällt der zweitlängste Wasserfall Afrikas (nach den Viktoriafällen) für 950 m in die Tiefe. Gesehen hast Du davon allerdings nicht viel, denn an diesem Tag lag das Plateau durchgängig in dichtem Nebel. Kalt war es dort auch. Die Paviane konntet Ihr nur vermuten und es war auch gut, nicht immer bis in den Abgrund schauen zu können.

An einer Stelle ging es 400 m über Geröll nach oben, an anderer Stelle ohne Sicherung senkrecht an zwei langen Kettenleitern herab. Das war für Dich ganz, ganz hart an der Grenze des Machbaren. Nicht physisch, aber es wurde Dir emotional schon ganz anders da oben. Runter kommen sie ja bekanntlich alle und mit sehr tiefen Atemzügen hast Du Dich durch Deine spontane Todesangst geatmet. Dieser war nicht der

Tag der „Final Destination".

Illegale, erinnerst Du Dich an die Grenzüberschreitungen in Lesotho?

Vom Northern Drakensberg war es nicht mehr weit zum höchsten Land der Welt: Lesotho. Das höchste Land, nicht weil die Berge die höchsten wären sondern weil sein tiefster Punkt auf 1.300 m liegt. Es hat nur ein angrenzendes Land: Südafrika.

Lesotho ist trotz seiner Diamantvorkommen eines der ärmsten Länder der Welt. Krankenhäuser haben nicht durchgehend geöffnet und außerhalb der Behandlungszeiten wenden sich die Menschen an einen Sangoma, Medizinmann. Der Medizinmann, den Ihr getroffen habt, hatte von seiner Berufung im Traum erfahren, seine Großmutter erschien ihm noch heute mit neuesten Erkenntnissen zu heilsamen Kräutern. Eine weitere medizinische oder naturheilkundliche Ausbildung hatte er nicht, aber immerhin zwei getrocknete Pavianpfoten um den Hals.

Ihr habt auch eine Schule besucht. Die Kinder waren herzergreifend kuschelbedürftig. Eine Unterrichtsstunde habt Ihr nicht gesehen, aber beim Blättern in einem vergessenen Schulheft habt ihr eine Auflistung von englischen Wörtern nach dem Alphabet gesehen. Offenbar sollten die Kinder zwei Worte pro Buchstabe finden. „Kicks" und „Kisses" liegen offenbar nah beieinander.

Das lokale Bier aus Mais und Hefe war nicht Dein Fall, der Maisbrei Papp mit Gemüse schon eher – aber nicht wie hier üblich morgens, mittags, abends.

In Lesotho findet man an einigen Höhlenwänden sehr alte Malereien von Buschmännern. Du warst beeindruckt, welche detaillierten Szenen sie mit Schlamm, Tierblut und Talent an die Wände gezeichnet hatten.

An der Grenze habt Ihr zwar je einen Aus- und Einreisestempel aus Südafrika bekommen, aber keinen Einreisestempel von Lesotho. Du warst praktisch illegal dort, weil der neue Grenzübergang noch nicht besetzt war. Das einsame Häuschen hatte frappierende Ähnlichkeit mit sanitären Anlagen und war der erste fertige Bauabschnitt. Ohne Straße, aber mit schicken Holztüren.

Weltreisende, erinnerst Du Dich, als Du selbst Prioritäten gesetzt hast?

Du hattest die Busfahrt mit dem Bazbus vorab gebucht und warst planmäßig nach Durban gefahren. In dem Hostel hast Du zufällig drei Holländer wieder getroffen, die Du aus der Lodge in den Drakensbergen kanntest. Die drei studierten in Südafrika und hatten gerade Semesterferien. Ihr habt Euch zum gemeinsamen Abendessen verabredet. Es war noch eine Stunde Zeit, bis Ihr losgehen wolltet und Du hast Dir einen Platz mit gutem W-LAN gesucht.

Whatsapp zeigte einige Nachrichten Deines Bruders mit der dringenden Bitte um Rückruf. Nachdem Ihr fertig geskypt hattet, hast Du Dich in eine dunkle Ecke im Hof des Hostels zurückgezogen und erstmal tief durchgeatmet. Dann hast Du einen Flug nach Hamburg für den nächsten Morgen gebucht und Deine weiteren Buchungen für Unterkünfte und Transporte in Südafrika storniert. Reiseplanung hin oder her, Du musstest nach Hause. Du konntest Dir nicht mehr vorstellen, zum nächsten Surfstrand zu fahren oder Tierbabys zu streicheln.

Deine Hostelkollegen aus den Niederlanden haben Dich getröstet und mit zum Essen genommen, als Deine Tickets gebucht waren. Es war erstaunlich, wie viele Menschen mit ihrem Gepäck in einen Fiat 500 passen. Die drei Holländer haben Dich am nächsten Morgen auf dem Weg zu Ihrer nächsten Etappe am Flughafen abgesetzt.

Vor Dir lagen 24 Stunden auf Flughäfen und in Flugzeugen mit Zwischenstopps in Kapstadt und London.

Träume!

Lerne!

Sonnenaufgang im Krüger Nationalpark, Südafrika, 2015

Deutschland – Rückkehr und Zukunft

Dein Bruder hat Dich am Flughafen abgeholt. Inzwischen gab es keinen Grund mehr zur akuten Sorge. Der Schreck saß Euch allen in den Knochen, aber nun ging es Deinem Vater wieder gut und weiterhin ist alles gut.

Für Dich waren der spontane Aufbruch aus Afrika und der Abbruch Deiner Reise in Ordnung. Du hattest es einmal um den Globus geschafft. Es war dieselbe Zeitzone und die Sonne schien auch hier. Es war Frühling auf der Nordhalbkugel.

Aber es war schon komisch, wieder auf der rechten Straßenseite zu fahren. Es war seltsam, wenn eine Antwort auf Deutsch richtig war. Es war witzig, wie korrekt hier sogar der Strand geharkt wurde. Du hast zu Beginn in den kleinen Besonderheiten Deutschlands geschwelgt und Dich auf den Harz gefreut.

Die Rückkehr in den deutschen Alltag war nicht einfach. Auch deshalb, weil Du Deinen Arbeitsvertrag und Deine Wohnung gekündigt und nun ohne geregelten Job gar keinen richtigen Alltag hattest. Und eigentlich warst Du ja auch noch gar nicht wieder da.

Um Dich zu akklimatisieren, hast Du Dich zunächst bei Institutionen wie Versicherung und Arbeitsamt zurückgemeldet. Ja, der erwachsene Deutsche hat einige Pflichten.

Jeweils wurde zur Anmeldung persönliche Anwesenheit gewünscht, aber ohne Computer ging trotzdem nichts. Oh-ton beim Arbeitsamt bei bundesweitem Systemausfall: „Da müssen sie nochmal wiederkommen. Sie können aber schonmal das Formular hier mitnehmen und ausfüllen." Du: „Ich hab alle Unterlagen dabei, ich kann das ja auch jetzt hier ausfüllen und bei Ihnen lassen." Antwort: „Nein, ich weiß nicht, wo ich das hinlegen soll, Sie müssen wiederkommen." Zusammengefasst: Du warst nochmal da und alles ging seinen „normalen" Gang.

Es war gut, dass Du erstmal wieder bei Deinen Eltern

unterschlüpfen konntest. Du hattest keine Wohnung, geschweige denn eine Ahnung, wohin es Dich mit dem nächsten Job verschlagen würde. Außerdem hattest Du so regelmäßig Gelegenheit zu sprechen. Die Realität: Im Gegensatz zum Reiseleben in dem Dir ständig neue Leute über den Weg liefen, die genauso viel Zeit haben wie Du selbst, waren die sozialen Kontakte doch sehr eingeschränkt.

Natürlich hatte jeder sein normales Leben weitergelebt, ging arbeiten, hatte Familie und Hobbies und nicht einen regelmäßigen „Aktivitäten und Tee, wenn Andrea wieder da ist"-Termin blockiert. Deine Freunde waren nach wie vor weit in Deutschland und in der Welt verstreut und Du hast manche besucht, mit anderen weiterhin telefoniert und geskypt. Die Welt ist ja schließlich ein Dorf.

Zum Glück hat Dich auch der Südharz mit schönstem Aprilwetter begrüßt. Wenn die Sonne aufs Gesicht scheint, ist auch das Herz gleich viel leichter. Knapp ein Jahr zuvor hattest Du ein Interview in der Zeitung gegeben, dass mit dem Titel „Immer der Sonne hinterher" und dem Kommentar „Ein Lächeln hilft immer" veröffentlicht wurde.

Rückblickend auf die ersten vier Monate nach Deiner Rückkehr war es zwar anstrengend anzukommen, sich um einen neuen Job zu kümmern, Bilder für eine Ausstellung vorzubereiten und nicht zuletzt Deine Erinnerungen in diesem Buch aufzuschreiben. Aber „no worries, all good". Oscar Wilde formulierte so treffend: „Am Ende wird alles gut und wenn es noch nicht gut ist, ist es noch nicht das Ende."

Du hast ein tolles Jobangebot auf dem Tisch, die Farbe auf der Leinwand ist getrocknet und nun schreibst Du den letzten Satz Deines Reise-Lern-Berichts mit einem Lächeln im Gesicht und rufst Dir zu: „Höre nie auf zu Träumen! Höre nie auf zu Lernen!"

Seiten für mich

Seiten für mich

Seiten für mich

Seiten für mich